Prof. Dr. Wilhelm Füßlein
Geschichte der Hamburgischen Walddörfer
Großhansdorf und Schmalenbeck

Herausgegeben von Björn Bedey

SEVERUS Verlag

ISBN: 978-3-95801-640-8
Druck: SEVERUS Verlag, 2017
Nachdruck der Originalausgabe von 1937

Satz und Lektorat: Christine Frieling

Der SEVERUS Verlag ist ein Imprint der Diplomica Verlag GmbH.
Bibliografische Information der Deutschen Nationalbibliothek:
Die Deutsche Nationalbibliothek verzeichnet diese Publikation in der Deutschen Nationalbibliografie; detaillierte bibliografische Daten sind im Internet über http://dnb.d-nb.de abrufbar.

Prof. Dr. Wilhelm Füßlein
Björn Bedey (Hrsg.)

# Geschichte der Hamburgischen Walddörfer

**Editorische Notiz**

Der Text der vorliegenden Edition folgt der Ausgabe:
Prof. Dr. Wilhelm Füßlein, Geschichte der hamburgischen Walddörfer, Richard Germes Verlag, Hamburg, 1937.

Der Text wurde aus Fraktur übertragen. Die Orthographie wurde behutsam modernisiert, grammatikalische Eigenheiten bleiben gewahrt. Die Interpunktion folgt der Druckvorlage.
Der Inhalt ist im historischen Kontext zu lesen.

# Inhaltsverzeichnis

# Vorwort

Das Buch von den hamburgischen Walddörfern ist schon geraume Zeit vor dem Heimgange Arthur M. Baalk's (1934 April 28) in gemeinsamen Besprechungen als Heimatbuch von uns ins Auge gefasst, auch in seinen einzelnen Teilen von uns und unseren Mitarbeitern, Rudolf Timm, Erna Mohr, Franz Dietrich fertig gestellt worden. Eine Drucklegung des Ganzen wie der Teile ist immer an den fehlenden Mitteln gescheitert.

Da wurde die Festrede, die der Unterzeichnete am 1. Dezember 1935 zur Fünfhundertjahrfeier Groß Hansdorfs hielt, der äußere Anlass, dass ein so namhafter Verlag wie Richard Hermes in Hamburg sich dazu erbot, die dort vorgetragene Geschichte der hamburgischen Walddörfer herauszubringen.

Diesem hochgesinnten Entschluss wurde eine für seine Durchführung sehr wesentliche Hilfe zuteil, als die Hamburger Behörde für Volkstum, Kirche und Kunst am 16. März 1936 für die Veröffentlichung 500 RM. zur Verfügung stellte, die zusammen mit einem von der Hamburger Sparkasse von 1827 gestifteten Betrage von 200 RM. es ermöglichten, das Buch nach Umfang und Ausstattung auf eine etwas breitere Grundlage zu stellen als anfänglich vorgesehen war. Für solche materielle Unterstützung ist der Spieker, der hier die Belange der Walddörfer vertritt, den Gebern ebenso tief verpflichtet wie er dem auf dem Gebiet der heimatkundlichen Veröffentlichungen reich bewanderten Verleger aufrichtigen Dank dafür weiß, dass er unermüdlich fachkundigen Rat gespendet und keine Mühe und keine Opfer gespart hat, um das Büchlein auch äußerlich schmuck und ansprechend zu gestalten. Nächst diesen Förderern haben durch Öffnung und Bereitstellung ihrer Quellen und Bilderschätze Anspruch auf reichen Dank das Hamburger Staatsarchiv, das Denkmalschutzamt und das Vermessungsamt; nicht zu vergessen der persönlichen Freunde und Helfer, die dem Verfasser technische Einzelheiten vermittelt haben. Sie alle haben Dienst an der Heimat getan!

Zwischen zwei Jubiläumsfeiern, der von 1935 und der von 1937 in der Mitte stehend, mag unser Walddörferbuch zur Rückschau laden wie zum Blick in die Zukunft! Dort muss es uns warnen, einfachste Verhältnisse durch schmückendes Beiwerk der Sage wie der Dichtung zu verdunkeln und dadurch uns um wertvolle Tatsachen zu betrügen; hier darf es uns ermutigen, nach kraftvollen Anfängen erster und zweiter Kolonisation zuversichtlich den Fuß vorwärts zu setzen zu dritter Siedlung im Dritten Reich!

*Schmalenbek, den 24. Oktober 1936*

*W. Füßlein*

# Die hamburgischen Walddörfer

*Walddörfer*? In der Umgebung der mit ihrem heißen Atem alle Natur verzehrenden Großstadt? Und nun gar *hamburgische Walddörfer*? Die Walddörferbahn die uns zu ihnen hinaustragen soll, scheint unser Misstrauen zu rechtfertigen. Denn schon Farmsen und Berne, die doch auch dazu zählen, lassen von Wald nichts merken. Dann aber gleiten wir kurz vor dem Meiendorfer Weg in den hochragenden Buchenwald hinein, und jenseits Volksdorf umfangen uns von Ohlstedt bis Wohldorf weithin schattende Fichten, oder wir finden uns bei Schmalenbek und Kiekut plötzlich am Rande eines kleinen Waldgebirges, das mit zahlreichen eingenisteten freundlichen Landhäusern bis zur Endstation Groß Hansdorf uns in seinem Bann hält. Ob er hier mitten im Grünen angesiedelt ist, ob er zu winterlichem Sport oder sommerlicher Freude sich herauslocken lässt, der Hamburger weiß, was er an diesen seinen echten Walddörfern hat mit ihren schattigen Wegen und lauschigem Dunkel, mit Hügeln und Tälern, mit den verschwiegenen Wasserflächen von Seen und Teichen, mit den Fluss- und Bachläufen der Alster und der Hansdorfer Aue.

## 1. Gan und Grafschaft Stormarn

Und doch ist der Wald auch in diesem Walddörfergebiet, so stark er sich immer aus dem übrigen Stormarn heraushebt, nur ein Schatten von dem, was einst hier war. Wir denken dabei nicht an die kaum vorstellbaren Zustände in vorgeschichtlicher Ferne, wir sprechen nur von den durch das geschriebene Wort, durch Flurnamen, durch die verbürgte Folge menschlicher Siedlung und Arbeit uns wohlbekannten Zeiträumen, da der Wald noch ein in breitem Bogen von der Elbe zwischen Stecknitz und Bille bis zur Alster bei Wohldorf sich schwingendes Band von Eichen, Buchen, Erlen, Birken vorstellte, oft unterbrochen von Moor und Sumpf. Der Name *Sachsenwald* mag ihm daher geworden sein, weil er seit alters an seiner Westseite sächsische Stämme umschloss oder weil der sächsische Herzog zu Lauenburg ihn, gegenüber hamburgischen Ansprüchen, als sein Eigentum betrachtete und erfolgreich verteidigte. In dieser Benennung und in seiner grenzziehenden Bedeutung fiel er weithin zusammen mit idem *Limes Saxoniae* oder dem *Sachsenwall,* der ihn von der Elbe her an seinem östlichen Außenrande begleitete, um über Billequelle und Eichede leicht westlich gebogen, an Olsdesloe und Segeberg vorbei, längs der Schwentine die Kieler Bucht zu erreichen; in Wirklichkeit gar kein Wall, nicht einmal eine durchlaufend befestigte Linie, nur eine sogenannte nasse Grenze zwischen Sachsen und Slaven, die, durch beiderseitigen Vorstoß gegeben, nach beiderseitiger Erschöpfung geblieben war und nicht länger respektiert wurde, als bis zu neuem Angriff Kraft gesammelt war.

Innerhalb des Waldbogens aber, also an seiner Westflanke, finden wir, seit den Tagen Karls des Großen, der angeblich sie ausgesiedelt hat, in Wahrheit jedoch wohl erst nach seinem Tode aus der Gegend um Verden, von Aller und Weser her zugewandert, die *Stormarn,* die endgültig dem Gau den Namen gegeben haben. Ihre und des Stormarngaues Hauptstadt war Hamburg. Der karolingische Graf, der ihnen gebot, saß in seiner Burg am Geestrand über der Elbe, im heutigen Schiffbek.

Die Behauptung und Sicherung des Gaues durch seine gräflichen Herren, erst karolingischer Einsetzung, dann schauenburgischen Stammes, ist bestimmend geworden für die Siedlung, die frühzeitig in den Wald eindrang und damit unsere Walddörfer schuf. Was dabei vom Wald zum Opfer fiel durch Rodung für Hofstatt und Feld, durch Entenahme von Bau- und Feuerholz, aber auch durch unsachgemäße Forstwirtschaft, ist geringfügig neben den Verlusten durch kriegerische Vorgänge: Farmsen kam um seinen Wald in dem selbstmörderischen Streit der Bauern mit ihrem Gutsherrn Hutlen im 16. Jahrhundert, und in unmittelbarer Nähe Hamburgs wurden noch 1713 gewaltige Holzbestände durch die Russen, andere 1813 durch die Franzosen vernichtet.

Was aber in den Außendörfern geblieben ist, verdankt seine Erhaltung einer von der Stadt Hamburg trotz ursprünglich fehlenden fachmännischer Bewirtschaftung doch immer geübten besonnenen, maßvollen Holznutzung, die wohltuend absticht gegen die im Lande ringsum üblichen, forstwirtschaftlichen Grundsätze; es ist derselbe Unterschied, der auch in der Behandlung der Leibeigenschaft und in der bäuerlichen Kultur, im Recht wie in der Lebenshaltung die Bewohner der hamburgischen Walddörfer heraushebt über ihre holsteinischen herzoglichen und königlichen Nachbarn.

Der altsächsische Gau Stormarn darf nicht verwechselt werden mit dem heutigen (seit 1866) Kreis Stormarn, der an einem geschichtlichen reindeutschen Volkstum keine Stütze mehr findet, nachdem er von dem alten Mittelpunkt des Gaues Hamburg abgerückt ist und dafür bis jenseits der Trave in ehemals slawisches Gebiet übergegriffen hat. Er hat auch nichts zu tun mit der Stör, mit der frühere Forscher ihn zusammenbringen wollten als die Mark an der Stör. Diesen Fluss hat der alte Gau nirgends erreicht, Elmshorn im Westen wie Kaltenkirchen im Norden lagen außerhalb seiner Grenzen, die unter Ausschluss der Elbmarschen über Wedel und Uetersen liefen, Barmstedt und Sülfeld samt den Alsterquellen umfassten und im Osten mit dem Lauf der Bille, im Süden mit dem der Elbe zusammenfielen.[1] Rein landschaftlich dürfen wir die Ursprünge unserer stormarnschen Heimat an das vorgeschichtliche Jagd- und Siedlungsgebiet anknüpfen, das erst jüngst die Arbeit des Kopfes und des Spatens hier erschlossen hat als die tundraartige Steppe zwischen Alster und Wandse. Vor 20 000 Jahren stellte dort schon der Meiendorfer Eiszeitmensch, als welcher der Urbewohner von Südstormarn in der Wissenschaft nunmehr fest-

1 Die Grenzen des heutigen Kreises Stormarn decken sich nur im Osten mit denen des alten gleichnamigen Gaues; im Westen laufen sie, unter Ausschluss von Weststormarn und selbst der Alsterquellen sowie Sülfelds, von Wandsbek über Tangstedter Heide und Harksheide, umfassen im Norden Wilstedt und Bargfeld nicht aber Kanhude, erstrecken sich bis westlich Neritz (südöstl. Sülfeld); springen von da in nordöstlicher Richtung weit über die Trave bis Langen Niendorf (zwischen Segeberg und Schwamm) vor, um weiterhin, südöstlich sich wendend, bei Hamberge die Trave abermals zu überschreiten und erst östlich Grönwohld den Anschluss an die alte Billegrenze wieder zu finden.

gelegt ist, dem Rentier nach, während vom heutigen Hoisdorfer Hainholz her über Hansdorf, über den Schüberg bis in die Gegend von Tangstedt noch die Gletschermauern sich türmten, die ihre wilden Schmelzwasser gen Süden entsandten. Auch als nach weiteren Jahrtausenden das Eis geschwunden und der unstete Rentierjäger allmählich dem Siedler gewichen war, da sind doch immer noch weite Strecken unwirtlich geblieben. Ein nebel- und niederschlagsreiches Klima begünstigte die Bildung ausgedehnter Moore und weithin gestreckter Wasserflächen, wie wir sie bis heute oder bis vor zweihundert Jahren verfolgen können im Beimoor (Beiemoor = Bienenmoor?) nördl. Hansdorf, im Schwarzen Moor innerhalb des heutigen Manhagen (d.i. der einem [Lehens-]Mann übertragene Hagen), in der alten Seenkette vom Ahrensburger Moor über den Ahrensfelder und Bredenbeker Teich bis zum Rothenbeker Quellental und den sumpfigen Niederungen des Ammersbek.

Wer heute von der alten Burg Ahrensfelde ins Tal hinabschaut oder von der Station Buchenkamp zum Bredenbeker Teich wandert, ahnt ja nicht, dass erst um 1590 Peter Rantzau den Ahrensfelder See durch die Anlage des Hopfenbachs zur Hansdorfer Aue hin entwässerte und damit dem Bergstedter Müller seine beste Wasserzuführung nahm, oder dass Graf Heinrich-Karl Schimmelmann nicht früher als um 1780 durch den Bau der schnurgeraden Alleen dem größeren Verkehr den Zugang zum Manhagen und zum Hagen erschloss, mit der Ahrensburg-Wandsbeker Chaussee aber die Verbindung zwischen dem Ahrensfelder und dem Bredenbeker Teich endgültig unterband.

Es sind gewaltige, kaum vorstellbare Veränderungen, die hier vor sich gegangen sind mit Wasser und Wald, mit Bodengestalt und mit Bodennutzung, je nachdem man die Erde Frucht oder Menschen tragen ließ. Fast immer aber war es dieser Mensch, der nehmend oder gebend, zerstörend oder schöpferisch solche Veränderungen vornahm. Und je besser wir um Jahrtausende jüngeren Nachkömmlinge in seinen weithin über das Land verstreuten Denkmälern lesen gelernt haben, umso reicher erzählt und redet er zu uns aus den *Meiendorfer Faulschlammlöchern*, aus den *bronzezeitlichen Hügelgräbern* der Lemsahler Heide, zu Stemwarde, Glinde, Bergstedt, *Hoisbüttel*, Wellingsbüttel, Schönberg, Bargteheide, am Tarpenbek, zu Ohlsdorf und

Fuhlsbüttel, aus den *Urnenfriedhöfen desselben Zeitalters* zu Hummelsbüttel und zu Willingshusen, denen *der Eisenzeit* zu *Volksdorf, Ohlstedt,* Bergstedt, Poppenbüttel, *Groß Hansdorf*, Otjendorf und Todendorf, zu Bargteheide, Iersbek, Wellingsbüttel imd Rahlstedt, aus *eisenzeitlichen Herdstellen* zu *Groß Hansdorf und Volksdorf.*

Diese schier unerschöpfliche Ausbeute, die beinahe von Tag zu Tag sich mehrt, macht es mir gewiss, dass Stormarn, mit Ausnahme vielleicht der Steinzeit, in den großen vorgeschichtlichen Epochen dem Menschen in allen seinen Teilen bekannt und wohl vertraut war.

In noch stärkerem Maße gilt das von dem folgenden, dem frühgeschichtlichen Zeitalter, da wir in Orts- und Flurnamen zum ersten Male die Stimme unserer alten Landsleute vernehmen, die uns zusammen mit der Lage und Form ihrer Siedlungen Rückschlüsse gestattet auf Stammesart und Herkunft. Bei den ersten unter ihnen, den Orten mir der patronymen Endung auf *-ingen* oder *-ungen* , mit der man die Familie oder Sippe eines im ersten Wortteil benannten Stammvaters bezeichnet (Eßlingen von Ezzel oder Ezzelo), müssen wir uns freilich noch Zurückhaltung auferlegen, da gerade diese Art Namen durch ganz Deutschland verbreitet sind, also nicht für einen einzelnen, örtlich beschränkten Stamm wie die Sachsen sich in Anspruch nehmen lassen. Als unbedingt sächsischen Ursprungs dagegen dürfen wir buchen die Ortsnamen auf *-stedt,* deren Gründer freilich, es handelt sich um das 1.–3. Jahrhundert unserer Zeitrechnung, sicher noch Heiden waren. Das braucht ja nicht zu hindern, dass zahlreiche gerade dieser -stedt wie Bergstedt, Rahlstedt, Barmstedt nachmals zu den größten unserer Stormarner Kirchdörfer geworden sind. Nicht lange wieder, und es flutet wahrscheinlich von der See her eine breite Völkerwelle ins Land: es sind die cimbrischen Jüten, auch sie noch vorkarolingisch und heidnisch, erkennbar am cimbrischen oder Schleswiger Haustyp; sie hinterlassen als Niederschlag an der schleswigschen Westküste, aber auch im Lande Hadeln und Wursten und bis tief ins Binnenland im Amte Gifhorn nördlich Braunschweig die -büttel-Siedlungen, die wir selber kaum weniger zahlreich dicht vor Augen haben im Alstertal und bis dicht vor die Tore Hamburgs sin den Hoisbüttel, Poppenbüttel, Wellinsgbüttel, Hummelsbüttel, Fuhlsbüttel, Eimsbüttel, Barsbüttel.

Es wird immer erstaunlich und schwer erklärbar bleiben, wie gut viele dieser älteren Gründungen auf -ingen und -ungen, auf -stedt und -büttel die nachfolgenden Überflutungen durch Langobarden, durch Angeln und Thüringe, durch dänische Wikinger, durch slawische Obotriten überstanden haben, ohne ihren Eigencharakter einzubüßen, als den wir noch heute vielfach die primitive Dorfform des Rundlings deutlich erkennen. Nicht einmal das wird sich jemals klar ausmachen lassen, in welchem Verhältnis die ursprünglichen Gründer und Namengeber eines Orts *sesshaft geblieben*, in welchem Verhältnis spätere Ankömmlinge oder Durchwanderer es geworden sind, bisweilen wohl unter Verdrängung des alten und Aufpfropfung eines neuen Namens. Wer vermag zu beweisen, dass in Farmsen, dessen Name unter unseren Walddörfern unstreitig die sprachlich älteste Form darstellt (wohl von Fridumarshusen, also sächsisch), über mannigfache Durchzüge und namentlich die gewaltige Kolonisationsbewegung des 13. Jahrhunderts hinweg das Blut der ersten sächsischen Siedler sich erhalten hätte?

So liegen auch die Anfänge unseres Gaues Stormarn, trotz mancher Förderung unserer Kenntnis, noch sehr im Dunkeln. Haben die Sturmeren wirklich schon vor Karl dem Großen, der ihrer 10 000 aus Nordalbingien ausgesiedelt haben soll, hier gesessen? Eine solche Voraussetzung hat zu der Behauptung geführt, dass Karls Sohn, Kaiser Ludwig, sie in die Heimat zurückgebracht habe. Das mutet gekünstelt an. Hier deucht mir besser die Erklärung, dass, wenn Karl eine nennenswerte Aussiedlung aus Nordelbien vorgenommen hat, diese nicht die Sturmeren, sondern frühere Besitzer des erst später Stormarn genannten Landes betroffen hat. Der Gau Stormarn mit der oben genannten Begrenzung ist jedenfalls in den nachkarolingischen Jahrhunderten unwiderleglich bezeugt für die weltliche wie die kirchliche Verwaltung und für seine Bewohner, bezeugt in Sage („Wate von Stürmen“ im Gudrunlied) und Geschichte. Helmold, der getreue Schüler Vizelins und Pfarrer von Bosau, und trotz Dimitriv Jegorov's Kritik uns unschätzbar als Verfasser der Slavenchronik, wird nicht müde, diese Sturmarn uns zu schildern nach ihren Schicksalen und ihrem Charakter. Das schrieb er um 1170. Aber Helmold war damals schon über zwei Jahrzehnte in dem Lande, mit dem ihn der reichste

Teil seines Lebens innig verband. Wenn er auch übertreibt mit der Nachricht, dass die Sturmarn, die er neben Dithmarschen und Holsten als sächsische Bewohner Nordalbingiens kennt, durch die unaufhörlichen Einfälle der Slaven bis zur Vernichtung aufgerieben worden seien, so mag doch etwas Wahres daran sein, wenn er sie als maßlos verwildert beschreibt und ungezähmten Waldeseln vergleicht. Was, im Widerspruch zu der diesen Sachsen so gern angedichteten hohen Kultur, an ursprünglicher Wildheit, wohl auch an der unausrottbaren Vorstellung der Verpflichtung zur Blutrache im Volke und seinen Führern lebte, lehrt am sinnfälligsten die Häufigkeit des Mordes innerhalb des Adels, ohne Schonung auch des gräflichen Herrscherhauses, lehrt die kaum vorstellbare Verrohung selbst der höfischen Sitte, wenn man hört, dass an der gräflichen Tafel zum Scherz mit den abgenagten Knochen geworfen ward, wobei einem Grafen, Johann II. zu Kiel († 1521), ein Auge ausgeworfen wurde. Das war im 14. Jahrhundert. Es ist nicht anzunehmen, dass zweihundert Jahre früher die Sitten milder gewesen sind. Innere und äußere Kämpfe verheerten das Land, ließen das Volk gerade in seinen besten Männern verbluten. Eine Auffrischung eben dieser südlichsten unter den Nordelbiern durch sächsisches, aber auch durch fränkisches Blut wird oft notwendig gewesen und auch erfolgt sein. Ein solcher höchster Notstand liegt dreihundert Jahre nach Karls des Großen Tode vor: dreimal ist Hamburg, die Hauptstadt Stormarns, unter überfallartigen Angriffen in die Asche gesunken; der ganze Gau Stormarn befindet sich in beispielloser Verwahrlosung, fast Auflösung; der letzte karolingische Gaugraf, Gottschalk, fällt 1110 in einen Hinterhalt und wird erschlagen. Da erscheint, wie ein Retter vom Himmel gesandt, der sächsische Herzog Lothar von Supplingenburg, der mütterliche Großvater Heinrichs des Löwen, auf dem Plan: im Jahre 1111 setzt er die Schauenburger Grafen in Holstein ein; Kaiser geworden, gründet er als Siegeburg unser heutiges Segeberg, den Ausgangspunkt zur Wiedergewinnung der Nordmark; und nun beginnt, beschlossen innerhalb der Jahre 1140–1290, von westdeutschen Männern, wehrhaften Bauern, getragen, unter Führung staatsmännisch und heldisch gleichgroßer Gestalten aus welfischem und schauenburgischem Stamm, das Riesenwerk der nordöstlichen Kolonisation. Gegen die artfremden Slaven, die nach

König Heinrichs I. und seines Sohnes Otto Hingang den Limes Saxoniae überrannt, den Sachsenwald durchschritten und bis weit jenseits der Elbe sich friedlich niedergelassen hatten, werden in fast unaufhaltsamem Ansturm Ostholstein (Wagrien), Mecklenburg, Pommern genommen und eingedeutscht. Und als der rasseverwandte Däne unter seinem König Waldemar, der sich der Sieger nannte, dem deutschen Vorstoß während einer Atempause in die Flanke fällt und seinen Fuß bereits bis zur Elbe und Elde, ja bis zur Warnow gesetzt hat, da sind es die durch westlichen Zufluss erstarkten Bürger von Lübeck und Hamburg, die im Verein mit der Mannschaft von Stormarn und Holstein unter Führung des Grafen Adolf IV. von Schauenburg und des Lübecker Ratsmannes Alexander von Soltwedel in einer der vier großen Schlachten des Jahrhunderts, deren jede eine weltgeschichtliche Wende bedeutet, am Tage von *Bornhöved*, mit ihrem Sieg die dänische Vorherrschaft brechen und Nordalbingien befreien. Jetzt erst, nach dem 22. Juli 1227, gewinnt der mit Schwert und Art und Pflug erobernde Deutsche die volle Ellbogenfreiheit, um die Bäume des Urwaldes zu roden, um die Furchen tiefer, als es der Slave vermocht, durch den Acker zu ziehen, um dem feuchten Boden Weide für sein Vieh abzuringen, um tief die Pfosten für sein Sachsenhaus zu setzen.

## 2. Wie die Walddörfer entstanden sind

Jetzt erst hebt mit Kirchenbauten aus regelmäßig behauenen und sauber gefügten Feldsteinquadern mit zahllosen dörflichen Gründungen, wenn auch auf altem Kulturland, die große Kolonisationsepoche in ihrem zweiten und Hauptteile an: ihr gehören unsere hamburgischen Walddörfer sämtlich zu, so beinahe unterschiedslos zu, dass wir nicht berechtigt sind, etwa Farmsen auszunehmen, nur weil es seinen altsächsischen Namen (Fridumareshusen, dann Frimareshusen)[2] über

2 Zur Erklärung des Namens s. E. Ruthe, Herkunft der Orts- und Flurnamen in unseren Geest- und Walddörfern Heimatbuch für unser hamburgisches Waldgebiet, Hamburg 1914.

die Kolonisationszeit des 13. Jahrhunderts herübergerettet hat, denn überdeckt durch Neugründungen sind sie alle: Farmsen mit Berne und Rokesberg,[3] Volksdorf, Wohldorf mit Ohlstedt, und Hansdorf, mit alleiniger Ausnahme von Schmalenbek und vielleicht von Lottbek, welche beiden ich nicht nur als älter annehme, sondern auch als nicht überpflanzt.

Der Name allein ist, wie wir schon im Falle Farmsen gesehen haben, nicht beweiskräftig, ebenso wenig aber ist das erste urkundliche Vorkommen eines Namens für die Entstehungszeit eines Ortes maßgebend. Eher schon für seine Neubesiedlung in einer Zeit bisher nie dagewesener kolonisatorischer Betätigung.

So werden, ein augenscheinlicher Beweis für eine gewisse Gleichmäßigkeit ihrer auf wohl gleichzeitiger neuer Anlage beruhenden äußeren Ordnung und Entwicklung von unseren Walddörfern nicht weniger als vier, nämlich *Volksdorf* mit 8 Vollhufen, *Berne,* ein *Meierhof, Farmsen* mit 6 ursprünglichen Hufen und *Rokesberg* erstmalig in einer Urkunde von 1296 neben neun anderen Orten im südlichen Oststormarn genannt, deren großer und kleiner Zehnte damals an das Kloster Harvestehude verkauft worden sind. Der einheitliche Besitz in so vielen Ortschaften (durch die Herren von Wesenberg, unter der Landeshoheit der Holsteiner Grafen von der älteren, Kieler Linie, Adolf V. und Johann II.) zusammen mit der gleichartigen Abgabe eines großen und kleinen Zehnten, über die mit dem Rechte von Gründern oder Eigentümern verfügt wird, legt doch die Annahme sehr nahe, dass wir es hier mit einer gleichmäßigen Struktur dörflicher Organisation zu tun haben, die in einer annähernd gleichzeitigen Gründung oder Neugründung ihre Ursache hat. Damit ist für die in unsere Kolonisationsepoche fallenden Anfänge oder Neubesiedlung von Farmsen, Volksdorf, Berne, Rokesberg schon alles Wissensmögliche gesagt. Wenn man daneben weiß, dass neben den dem Wald und seiner Rodung abgewonnenen Endungen auf -hagen, -horst, -horn, -loghe, -rot, -rode

3 Die Form Rokestorf ist, soviel ich sehe, nur in Wolder Scheele's Waldbuch, nicht urkundlich belegt (f. Hamburger Staatsarchiv El. IV Lit. B Vol. lb Fasc. 1 fol. 271), und scheint auf einem Irrtum zu beruhen, stammt also erst aus dem 17. Jhdt., vgl. Baalk, die hamburgischen Walddörfer [1934] S.16 f.

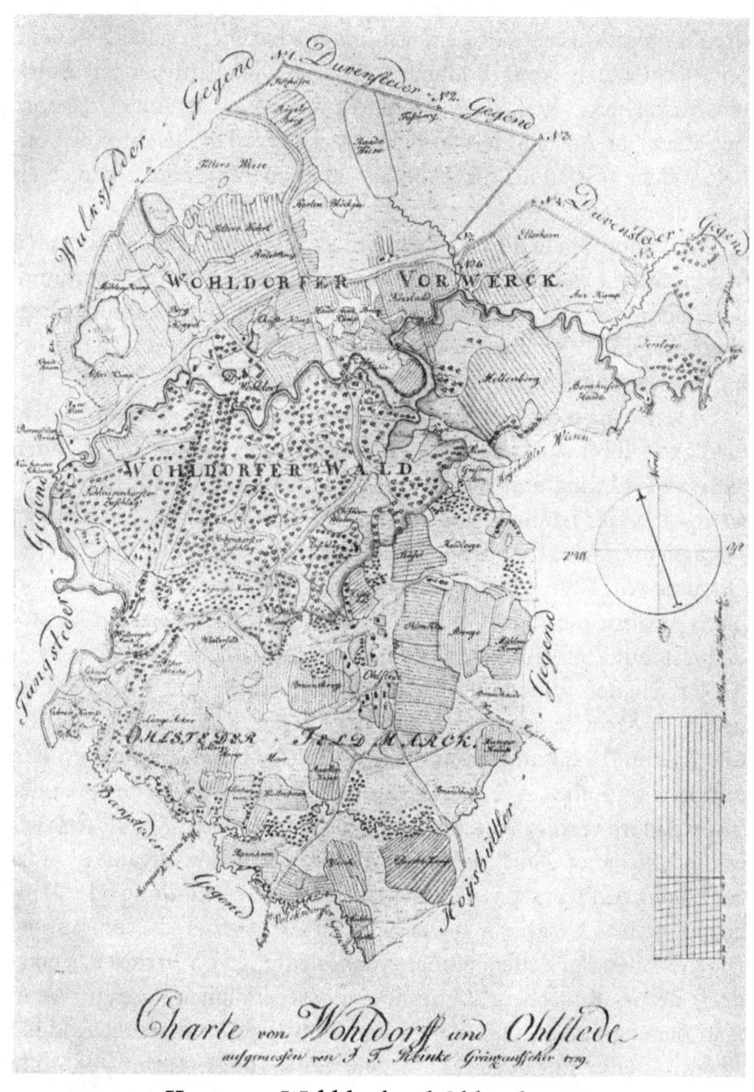


*Karte von Wohldorf und Ohlstedt 1779*

Aufgenommen vom Grenzaufseher I. T. Reinke
(Staatsarchiv Hamburg)

*Luftaufnahme von Wohldorf*

Mit Genehmigung der hamburgischen Behörde für Technik und Arbeit (Vermessungswesen)

Die von unten links nach oben rechts gehende breite helle Straße ist der von Duvenstedt nach Bargteheide führende Triftweg. Die darunter links sichtbare helle Straße mit der geschwungenen Linie, die in den Triftweg einmündet, ist der frühere Mühlenredder, jetzt Tannenallee genannt. Den ganzen unteren Teil des Bides füllt der Wohldorfer Wald aus, den oberen die Gutsländereien von Wohldorf. Kurz vor der Einmündung der Tannenallee in die Herrenhausallee (die unter dem Duvenstedter Triftweg von links nach rechts sich hinziehende schwächer angedeutete Straße) liegt links die alte Kornmühle und an der Zweiteilung der Tannenallee (links zum Triftweg und rechts zur Herrenhausallee) die Gastwirtschaft Wohldorfer Mühle. Der Mühlenteich erscheint rechts und links der Tannenallee und Mühle als dunkel getönte Fläche, ebenso der Lauf der Aue unterhalb (südlich) des Herrenweges. Das Herrenhaus des Gutes Mohldorf und die Scheune des Gutshofes mit Gärten und Park sind etwa in der Mitte unterhalb (südlich) der Herrenhausallee zu sehen und weiterhin rechts Wochenendhäuser am Waldrand. Rechts führt die Herrenhausallee weiter über den Bildrand hinaus nach Südosten zum Kupferredder, zur Försterei und zur neuen Wohldorf-Ohlstedter Schule.

und -wohld, das Appellativ *-dorf* damals, in der zweiten Hälfte des 13. Jahrhunderts, der große Modename war für die Unzahl der ländlichen Neusiedlungen, dann sind außer *Volksdorf* auch *Wohldorf* und *Hansdorf* leicht in unserer Periode untergebracht.

Von ihnen wird zu frühest genannt unser *Groß Hansdorf*.[4] im Jahre 1274 nämlich hat der Bürgermeister von Hamburg, Leo von Ertene-borch, drei Hufen in *Johannesdorpe* dem Hospital zum Heiligen Geist in Hamburg überlassen. Das Gründungsjahr ist natürlich etwas höher anzusetzen. Wir können ihm von mehr als einer Seite her ziemlich nahe kommen. Im Osten und Süden von Hansdorf haben wir eine Menge neuer Dörfer, über deren Anfänge urkundliche Nachrichten vorliegen, die mit der aus den ältesten Flurkarten, vor der Verkoppelung, erkennbaren Dorf- und Feldanlage im besten Einklang stehen. Sie weisen übereinstimmend in das sechste Jahrzehnt des 13. Jahrhunderts und namentlich gegen dessen Wende: Großensee, Lütjensee, Grönwohld um 1250, Papendorf 1256–59, Rausdorf um 1259, Langelohe nach 1260, Kronshorst 1260/61, Siek vor 1265. In dieselbe Zeit gehören Braak, Stapelfeld und Eilickesdorf, das nach meiner Überzeugung an der Stelle gestanden hat, wo, nach seiner 1375 erfolgten Zerstörung durch Haseldorfer Ritter, aber wesentlich später von Ahrensburg aus das Gut Meilsdorf (= im Eilickesdorf) angelegt worden ist. Hansdorf mit seinen ursprünglich nur drei, erst nach 1274 aus fünf, darunter eine Papenhufe, vermehrten Hufen würde sich also sehr gut dieser Gründungsepoche vor und um 1260 einfügen.

Diese Wahrscheinlichkeit erhöht sich noch durch die Betrachtung der kirchlichen Zugehörigkeit. Denn Hansdorf ist zweifellos seit Anbeginn der gegen 1265 errichteten Kirche in Siek zugeteilt gewesen, so gut wie Oetjendorf, Hoisdorf, Papendorf, Langelohe, Eilickesdorf (nicht aber das erst von Ahrensburg aus an seiner Stelle neu geschaffene Meilsdorf, das sicher sofort an die 1596 gegründete Kirche zu Woldenhorn Anschluss fand, also erst mit oder bald nach dieser entstanden sein kann) und Ahrensfelde, das ebenfalls erst nach 1596 an die Kirche

4 Die Unterscheidung zwischen Groß Hansdorf und Klein Hansdorf (wsw. Bargteheide) wird bewusst erst nach der Abfassung des eben genannten Waldbuches, also nach 1640 bzw. 1682 gemacht, vgl. die Korrekturen im Waldbuch fol. 224.

zu Woldenhorn überging. Es liegt also mit der Kirche Siek nicht anders als etwa 15 Jahre früher mit der Gründung der Kirche zu Trittau. Sie ist das notwendige Ergebnis der zahlreichen neuen Siedlungen zwischen Wandse i. W., Beimoor i. N., Hainholz i. O. geworden, die von den älteren Kirchspielen in Bergstedt, Rahlstedt, Trittau, Kirch-Steinbeck nicht mehr aufgenommen und versorgt werden konnten. Dabei ist es bemerkenswert und ein augenfälliger Beweis für den Umfang der gerade in diesem Gebiet überaus starken Kolonisation, dass Siek unter den dreizehn ländlichen Parochien Stormarns bei weitem die meisten Dörfer um sich gesammelt hat, fast ausnahmslos Neugründungen, die unter dem Einfluss des Hamburger Domkapitels entstanden sind. In diesem durchweg neubesiedelten Gebiet um das ebenfalls neue Kirchdorf Siek herum müssen wir uns in jenen Jahren alles im Fluss und in der Bewegung denken. Auch in Hansdorf erschienen zwischen 1275 und 1294 neue Grundherren, vielleicht schon die Heest, die wir 1421 dort als Eigentümer kennen lernen. Während nun hier die parochiale Abhängigkeit geradezu den Schluss aufzwingt, dass Groß Hansdorf mit den übrigen zu Siek gehörigen Dörfern nahezu gleichzeitig, d.h. um 1250–1265 gegründet wurde, dürfen wir umgekehrt daraus, dass *Schmalenbek*, obgleich näher als Hansdorf bei Siek gelegen, doch wie Lottbek nach dem fernen Bergstedt eingepfarrt war, wohl folgern, dass es einige Zeit vor dieser großen Gründungsperiode entstanden ist.

Auch die inneren Verhältnisse und die Flurordnung liegen bei diesen beiden Dörfern, Schmalenbek und Lottbek, ganz anders als bei den zahlreichen neugepflanzten Dorfschaften am Westrande des Sachsenwaldes. Als die Knappen Otto und Hartwig Zabel am 29. September 1331 dem Heinrich von Hamme zu Hamburg sechzehn Mark Einkünfte aus Schmalenbek zur Stiftung einer Vikarie an der Domkirche verkaufen, da besteht dieses Dorf, dessen Flur abseits des Hansdorfer und Manhagener Waldes in offenem, fruchtbarem Gelände sich ausbreitet, aus nicht weniger als acht Hufen. Dreizehn Jahre später fällt Schmalenbek, sicher nicht ohne Zusammenhang mit dem eben damals in Hamburg und seiner weiteren Umgebung ausgetragenen Kapitelkrieg, dem räuberischen Überfall lauenburgischer Ritter (zu Nannendorf nördlich Franzdorf, südwestlich Eichede) zur Beute. Das Dorf ist zwar nicht ganz vernichtet worden, aber es hat doch den Todesstoß erhalten, an dem es dann dahingesiecht ist (1344). Zu Beginn des 16. Jahrhunderts war es verschwunden und ist als Dorf nie wieder erstanden, wenn auch die „Dörpstede“ noch die Erinnerung an sein ehemaliges Dasein weiterträgt und der alte Ortsname an dem 1564 neubesetzten Hofe haften geblieben ist. Da dieser Schmalenbeker Hof aber der Dorfschaft Hansdorf und dem dortigen Vogt unterstellt wurde, so musste er notwendig auch kirchlich Hansdorf folgen, also in geistlichen Dingen sich zum Kirchspiel Siek halten. Heute ist das ganze Schmalenbeker Gebiet, dessen fruchtbarer Boden den Ackergrund von Hansdorf weit hinter sich lässt, nach allen Richtungen von neuzeitlichen Siedlungen durchzogen. Man darf also wohl sagen, dass jener Übergang des wohlhabenden Dorfes in die Hände des streitbaren Domkapitels seinen Untergang zwar nicht unmittelbar herbeigeführt, aber doch verursacht hat. Die blühende Siedlung Schmalenbek ist völlige Neuschöpfung.

Nicht viel besser war es um das Schicksal des Dorfes *Lottbek* bestellt, das der früheste uns bekannte Besitzer, der Vater der obengenannten beiden Zabel, Ritter Albrecht Zabel, im Jahr 1320 an den Priester Rothmar, den Sohn eines Hamburger Bürgers Godeko, verkauft hatte. Es lässt schon tief blicken, wenn bei diesem Handel der Verkäufer seinem Abnehmer ausdrücklich einräumt, dass dieser die Bauern aus ihrem Besitz vertreiben und andere darin einsetzen, den schuldigen Zins aber auf jede Weise von ihnen erpressen dürfe, obgleich er zugibt, dass er, Zabel, selber sie schon sehr ausgepresst hat. Doch verspricht er dem Käufer, ihn für etwa entstehende Ausfälle schadlos zu halten und verpfändet ihm zur Sicherheit dafür in einer zweiten Urkunde seine Mühle in Volksdorf. Also ein verfallendes, sehr wahrscheinlich schon ein altes Dorf. Kein Wunder, dass solch sieches Gemeinwesen, nachdem es noch zwei Jahrhunderte sich hingeschleppt, dem ersten Anfall einer Pestepidemie erlegen ist. (1545).

Die Zabel, die aus dem Lauenburgischen stammten, sind zeitweise in unserer Gegend stark begütert gewesen. Ritter Albert Zabel, vielleicht ein Schwestersohn des Johann Hummelsbüttel[5], saß als Vogt

5 Nachdem der Name des Dorfes und ehemaligen Rittersitzes aus dem ursprünglichen Hummersbüttel zu Hummelsbüttel abgeschliffen worden ist, bat auch der Geschlechts-

des Grafen Johann III. von Plön auf der Burg Ahrensfelde (Arnsvelde) und scheint in dieser Eigenschaft der Hauptträger des Kampfes gegen die in Wohldorf sitzenden Schauenburger gewesen zu sein, der mit deren Vertreibung aus Wohldorf und vom linken Alsterufer endete (1320). Möglich, dass schon damals die Zabel sich mit Wohldorf haben belehnen lassen. Späterhin wenigstens sehen wir sie eng verstrickt in die ritterliche Opposition der Hummelsbüttel und der Strutzinge, mit denen beiden sie ja nahe versippt waren, der Zulen und Tralau gegen das Grafenhaus. Als die Hauptstützpunkte dieser Widersacher der Grafen werden Wohldorf und Stegen namhaft gemacht. Von Siegen kennen wir als Besitzer die Hummelsbüttel. Dass sie auch die Herren von Wohldorf gewesen, sagt uns kein einziges gleichzeitiges urkundliches Zeugnis. Viel eher sind Albert Zabel, der ehemalige Burgvogt zu Ahrensfelde, der außer Schmalenbek und Lottbek auch die Mühle zu Volksdorf und das Dorf Siek sein Eigen nannte, und nach ihm seine Söhne als gräfliche Lehnsleute und Herren der Burg Wohldorf denkbar.

Bis zur Mitte des 14. Jahrhunderts kennen unsere Urkunden nur eine *Burg Wohldorf*, deren Niederlegung immer aufs Neue von Hamburg gefordert wird, wobei allerdings hinter Hamburg als treibende Kraft erst Lübeck (1306 Juni 24 und Oktober 6), dann die holsteinischen Grafen stehen (1347 August 24), die aber auch schon im Vertrag von Oldesloe (1322 April 15) dasselbe Ansinnen an ihren Vetter Adolf VII von Schauenburg-Pinneberg gestellt hatten. Wie diese Burg etwa ausgesehen hat, sagt uns das erwähnte Abkommen vom August 1347, wenn es von künftigen Befestigungen an der Alster bestimmt, was sie haben und was sie nicht haben dürfen: „eenen slichten berchvrede ungheplanket unde ane vorborch." Ich kann mir recht gut vorstellen, dass jene gräfliche Burg, die also von seiner starken Palisade aus Eichenholz umgeben und obendrein durch eine Vorburg gesichert

name sich diese Umformung gefallen lassen müssen. Nur wo es sich um Wiedergabe urkundlicher Überlieferung handelt, oder der Name im Zusammenhang mit urkundlich berichteten Vorgängen erscheint, lasse ich ihm das alte Gewand. Dasselbe gilt von allen hier gebrauchten Orts- und Personennamen, soweit sie Wandlungen erfahren haben. vgl. besonders unsere Anmerkung über den Namen von Hutlen.

war, auf der Insel des heutigen Herrenhauses ihren Platz gehabt hat, denn sie muss in größerer Nähe der Alster gelegen haben als das gleichnamige Dorf weiter aufwärts der Aue. Aber der Name Wohldorf selbst verrät uns, dass wahrscheinlich schon vor Erbauung der Burg das Dorf als eine Gründung der Kolonisationszeit in der zweiten Hälfte des 13. Jahrhunderts bestanden hat. So wissen denn alle späteren Pfand- und Kaufverträge von Wohldorf nur als dem dorpe to Woltorpe; das einstige gebietende Schloss scheint von der Erde verschwunden.

Darüber freilich, wie das gekommen ist, hat sich eis solch dichter Schleier von Sage und Dichtung gewoben, dass es unbedingt nötig ist, die geschichtlichen Vorgänge, soweit das überhaupt noch möglich ist, klarzustellen. Die Legende, die heute schon beinahe unausrottbar sich eingenistet hat, erzählt, dass Johann von Hummelsbüttel und sein Geschlecht Schloss Wohldorf innegehabt, dass sie von dort aus dem Straßenraub obgelegen hätten, und dass zur Sühne diese Räuberburg von den mit der Stadt Hamburg verbündeten Schauenburger Grafen erobert und dem Erdboden gleichgemacht worden sei. Von diesen drei Behauptungen ist keine historisch erweisbar. Die Tatsachen sind in Kürze folgende:

Der Kampf geht um Stormarn und seinen Verwaltungsmittelpunkt Wohldorf. Nacheinander sind dort die Schauenburger Grafen von der Kieler, der Pinneberger und der Plöner Linie die Herren. Die letzteren sind es, die mit Johann III. 1322 im Vertrage von Oldesloe den Pinneberger Adolf VII. aus Wohldorf und damit endgültig vom linken Alsterufer verdrängen. Johann III., der Sieger, macht indessen nicht das gewonnene Schloss Wohldorf, dessen Niederlegung übrigens in den Oldesloer Bedingungen vorgesehen war, zum Verwaltungssitz für das östliche Stormarn, sondern gibt aus staatsmännischer Überlegung Trittau an der lauenburgischen Grenze den Vorzug. Dort ersteht ihm schon in den nächsten Jahren ein Schloss (1326). Wohldorf wird also frei, und was lag näher als dort seinen bisherigen Vogt auf Ahrensfelde einzusetzen, eben jenen uns schon bekannten Albrecht Zabel, der von Ahrensfelde aus im Namen und Auftrag seines gräflichen Herrn den Kampf gegen Adolf in Wohldorf geführt hatte? Dass dieser den Hummelsbüttel, die auf dem alsteraufwärts gelegenen Stegen saßen, eng versippt war, verschlug nichts. Denn wer konnte voraussehen, dass die Hummelsbüttel durch eine Gewalttat, die sie sich gegen die Stadt Kiel herausnahmen, den schweren Zorn des Grafen Johann III. sich zuziehen würden? Graf Johann ging aber gerade diesmal (1346) so streng gegen die Missetäter vor, dass er die ganze Sippe gegen sich aufbrachte: die Zabel in Wohldorf, die Hummelsbüttel auf Stegen, die Zulen, die Strutzinge und die Tralau. Aber wenn er bei dieser Gelegenheit die Hummelsbüttel zwang, ihr Schloss Stegen ihm offen zu halten, während von *Wohldorf* in diesem Zusammenhang nicht die Rede ist, so folgt daraus abermals, dass dort die Hummelsbüttel damals nicht saßen.

Die Grafen Johann III., Heinrich II. und Gerhard V., die gleichzeitig noch andere Feinde auf dem Halse hatten, konnten gegen die Wohldorf-Stegener keinen besseren Bundesgenossen finden als die Stadt Hamburg, mit der sie am 24. August 1347 einig wurden wider die genannten ritterlichen Herren „umme mengherhande unghemak unde schaden, de se us unde usen mannen unde den ratmannen unde borgheren thu Hamborch hebbet gedhan". Als Ziel des gemeinsamen Angriffs bezeichneten die Verbündeten die Zerstörung der Festen Stegen und Wohldorf, die Beseitigung des von den Hummelsbüttel bei Stegen errichteten Dammes quer durch die Alster und die Wiederherstellung „des königlichen Weges", unter dem ich nur die Alster verstehen kann. Auch längs des Flusses sollten die Grafen in Zukunft ihren Mannen keine Burganlage mehr gestatten, es sei denn einen Bergfried ohne Planken und ohne Vorburg. Zur Bezwingung der stark bewehrten feindlichen Festen aber sollten die Hamburger ihre schweren Belagerungsmaschinen zur Verfügung stellen, welche die Grafen versprachen, an Ort und Stelle und nach Gebrauch wieder sicher in die Stadt zurückzuführen.

Wie hat es nun mit der Ausführung dieser hochfliegenden Pläne gestanden? Von einer Eroberung der bedrohten Burgen durch die Verbündeten verlautet nichts aus gleichzeitigen Zeugnissen. Auch der den Ereignissen nächststehende Chronist, Detmar von Lübeck, der augenscheinlich gerade dieser Wohldorf-Stegener Angelegenheit mit Sorgfalt nachgegangen ist, kann von einer Belagerung und Eroberung Wohldorfs und Stegens nichts melden. Doch muss schon auffallen, dass er, der noch als Zeitgenosse schrieb, über die Veranlassung des ganzen Handels nichts anderes auszusagen weiß als dass „somelike Holsten als Marquard Westensee unde Henneke Hummersbüttel unde erer mer, de nicht benomet worden, ... makeden eyne hemelike beswornseap uppe den greven van Holsten, eren rechten heren, unde wolden de vorderft hebben, oft et en ghelucket hedde." Auf der Suche nach einer Lösung dieses ganzen Konflikts stößt Detmar endlich auf eine Nachricht oder deren mehr, die sich ihm mit den bisherigen Vorgängen zusammenzureimen scheinen, denn es ist da die Rede von den Hummersbüttel, den Holsteiner Grafen und einem Schloss Stegen. So erzählt er denn fröhlich weiter (zum Jahr 1346): „dar na stalden greve Johan van Holsten und greve Hinric van Holsten unde de borgher van Hamborch vor dat hus tun Steghen, unde leghen dar vor mit groter macht" und weiterhin (zum Jahre 1347): „in deme sulven jare quasm koning Woldemar van Denemarken weder to lande van over mer unde fammelde sik starke unde wolde dat hus tun Steghen unsettet hebben; dat untstund eme, dat he et nicht untsetten kunde . doch deghedingede he sines willen also vele, dat greve Hinric van Holsten solde Henneken Hummersbuttel gheven vif dusent lodighe mark sulveres; de wisde he eme uppe den koning van Denemarken, de sloch he em af an siner schult; mer greve Hinric scholde dhat ghud, dat tome hus horde, beholden, unde nicht dat hus, unde Henneke Hummersbuttel solde ute deme lande to Holsten mit wive unde mit kinderen, unsde nummer mer dar weder in to komende sunder den willen der greven van Holsten."

Hier hat der gute Detmar wenigstens drei oder vier zeitlich und räumlich auseinander liegende Ereignisse unter den Sammelworten „Stegen" und „Hummelsbüttel" zusammengebracht und ursächlich miteinander verknüpft, nachdem er weiter oben bereits das Endergebnis vorweggenommen hatte mit der Notiz: „in deme jare Cristi 1346 do wart ghewunnen dat hus to den Steghen in Holstenlande."

Diesem von vornherein festgesetzten Ziele werden dann die unter den geläufigen Stichworten gesammelten Tatsachen vorangestellt: eine wahrscheinlich noch in das Jahr 1547 fallende Belagerung *Stegens* mit gesamter holsteinischer und hamburgischer Heeresmacht, die ohne Erfolg blieb; ein Vergleich König Waldemars von Dänemark mit den Grafen Heinrich und Klaus von Holstein vom 22. Juli 1348 zu Nebbegaard über die Auslösung der ihnen für 31 000 Mark verpfändeten Insel Fünen, wofür er ihnen u.a. *Schloss Stege auf Möen* samt Gütern im Werte von 5000 Mark einräumte; endlich eine erzbischöfliche Indulgenz aus dem Jahre 1374 für alle die, welche Fürbitte tun würden für den *aus Holstein vertriebenen Hartwig Hummersbüttel und seine Ehefrau Adelheid.*

Und der geschichtliche Kern? Er beschränkt sich, soweit unsere Walddörfergegend in Betracht kommt auf eine Unternehmung gegen Stegen, der ein kriegerischer Erfolg versagt blieb. Von Wohldorf ist überhaupt nicht die Rede. Erobert worden sind sie beide sicherlich nicht. Das hätte dem im Abstande von nur 40 Jahren von den Ereignissen schreibenden Detmar unmöglich verborgen bleiben können. Ich nehme an, dass beide Alsterfesten ohne Schwertstreich und Blutvergießen nach heimlichem Abzug der Verteidiger oder im Wege des Vergleichs wieder unter die Botmäßigkeit der gräflichen Landesherrn gelangt sind. Jedenfalls war Wohldorf bis 1570 Juni 9 im Besitz Ottos von Rantzau und seiner Söhne, die es damals an führende Hamburger Persönlichkeiten veräußert hatten, 26 Jahre später aber an Henneke Hummersbüttel verkauften, seinen Enkel und Sohn der Missetäter von 1347. Übrigens schlägt es, abgesehen von den hier erbrachten Gegengründen, dem angeblichen Raubrittertum der Hummelsbüttel gerader ins Gesicht, dass einer von ihnen, Johann Hummelsbüttel, nur 20 Jahre nach dem Handel von Wohldorf, das Geleite zwischen Hamburg und Lübeck hatte, also den öffentlichen Straßenschutz ausübte.

Genug des abgeschmackten Märchens, als dessen frühest Gewährsmänner ich Albert Krantz in seiner Saxonia (1520) und den Syndikus Adam Tratziger in seiner Hamburger Chronik (1557) kenne, von dem aber auch ein Joh. Martin Lappenberg sich noch nicht freigemacht hat![6]

Mit den geschilderten Vorgängen des Jahres 1347 verschwindet allerdings die Burg Wohldorf völlig aus unserem Gesichtskreis

---

6 Zwischen Detmar und Kranz steht allerdings Hermann Korner (1434 f), der mit seiner ganz in der Luft hängenden Notiz, dass die Grafen von Holstein Wohldorf belagert und erobert hätten (z.Z. 1350!) glatt abgelehnt werden muss, s. Chronica novella, hrsg. v. J. Schwalm 1895, S.263.

denn was wir später als Herrenhaus in Wohldorf kennen lernen, hat, obschon an derselben Stelle gelegen, nach seinem Charakter mit dem alten Schloss nichts mehr zu tun. An dessen Stelle kommt jetzt zuerst das Dorf zur Geltung, das Walddorf, als welches es vor rund hundert Jahren gegründet worden ist, Woltorpe. Wie dieser Name und die bei solcher Gründung maßgebenden Umstände wahrscheinlich machen, handelt es sich shier sum eine Schöpfung auf ursprünglicher, primitiver Wurzel, nicht um seinen ausgepflanzten Ort, wie es bei Hansdorf und Volksdorf der Fall ist und durch Bodenfunde bestätigt wird. Aber trotz solch später Ursprünglichkeit sind wir über Wohldorf, was seine Entwicklung und die Zahl seiner Hufen betrifft, schlechter unterrichtet als über irgendeines der übrigen Walddörfer. Das hat seinen Grund darin, dass es, wie wir noch sehen werden, frühzeitig gelegt worden ist. Wir kennen es eigentlich nur noch als „dat olde dorpe". Sein vor dem liegendes geschichtliches Dasein ist, obschon wenig bezeugt, beschlossen in den Jahren 1347–1437 *Ohlstedt,* das mit Wohldorf nahezu ebenso nachbarlich zusammenhängt wie Schmalenbek mit Hansdorf, hat trotz seines Namens kein hohes Alter, wenn wir, was doch kaum statthaft sein dürfte, die olde Stede nicht mit dem dort festgestellten eisenzeitlichen Urnenfriedhof in Verbindung bringen wollen. Solch eisenzeitliche Vorstufe liegt wie in Rahlstedt, Fuhlsbüttel, Bergstedt, Sasel, Poppenbüttel, Wellingsbüttel, am Bredenbeker Teich, auch in unserem *Volksdorf* vor, hier außer durch Urnengräber noch durch Herdstellen bezeugt.

Es wird aber nicht als allzu kühne Annahme gelten, wenn ich zwischen diesen eisenzeitlichen Spuren und unseren heutigen, aus der Kolonisationsepoche des 13. Jahrhunderts stammenden Dorfformen Übergangsformen voraussetze, die der primitiven, extensiven Wirtschaftsweise der sächsischen Siedler entsprechen und im sogenannten Rundling ihren äußeren Ausdruck gefunden haben. Joh. Ulr. Folkers hat gerade in unserer Gegend längs der Alster und zu beiden Seiten dieses Flusslaufes den Rundling überzeugend nachgewiesen.[7] Diese Kolonisationszeit ist es aber vornehmlich gewesen, die den Schritt

7 Joh. Ulr. Folkers, Die Herkunft der Ortsnamen auf -büttel in Schleswig-Holstein, weist nach die Rundlinge Hornbek, Poppenbüttel, Fuhlsbüttel, Egenbüttel, Hummelsbüttel u.a.

von der vorzugsweise weiträumigen Weidewirtschaft zur intensiven Acker- und Hufenwirtschaft getan hat. Ich meine daher nicht fehlzugehen, wenn ich in der Anlage unserer Walddörfer noch Spuren der ihnen voraufgehenden Runddörfer erkenne. Ich glaube sie zu sehen bei Schmalenbek, bei Hansdorf, bei Volksdorf und bei Farmsen, bei denen allen ein Teich oder See oder ein zum See aufgestauter Bachlauf als alter Mittelpunkt einer in erster Linie auf Viehwirtschaft eingestellten Siedlung augenfällig ist. Auch dass keines der genannten Dörfer an einer Straße gelegen war, unterstützt diese Annahme. Sie werden ferner geschichtlich sichtbar in dem Augenblick, da sie dank der neuen Bewirtschaftung besseren Zins abwerfen und mit Vorteil verkaufbar werden. Charakteristisch in dieser Hinsicht ist der schon erwähnte Verkauf, den Helerik und Johann von Wesenberg vor 1296 Oktober 10 mit ihrem großen oder *Pflug*zehnten (major decima aratrorum) und dem Kleinzehnten (smalteghede), den man in Slavendörfern auch den Hakenzehnten nannte, an das Kloster Frauental (Harvestehude) vornehmen, und zwar außer in neun anderen stormarnschen Dörfern, in *Volksdorf* (Volcwardesdhorpe), *Rokesberg* , *Berne* (Baren) und in *Farmsen* (Vermerschen).

Die Kolonisationszeit der zweiten Hälfte des 13. Jahrhunderts, in der unsere Walddörfer vor unserem Auge als Ur- oder Neugründungen erstehen, ist zugleich die bedeutsame Entwicklungsstufe der bis dahin in unseren Gegenden nicht gekannten Hufenwirtschaft. Jetzt erst wird ein großer oder Pflugzehnte (decima aratri) neben dem bisherigen kleinen Zehnten des slawischen Hakenpflugs möglich, damit eine ungeheure Steigerung der Erträge und ebenso aller daraus sich ergebenden zinslichen Leistungen. Diese Periode, die Blütezeit einzelbäuerlicher Wirtschaft, wird viel später, etwa zu Beginn der hamburgischen Herrschaft in den Walddörfern, abgelöst durch die Gutswirtschaft.

---

in Zeitschr. d. Ges. s. Schlew-Host. Gesch. 62. Bd. 1934, S.21–44, derselbe auch in Bd.58, 1929 Tafel 1, 2, 3, 4, 5, 6

## 3. Die vorhamburgischen Herren der Walddörfer

Wir dürfen nicht vergessen, dass in diesen Jahren des geschichtlich sichtbaren Werdens der Walddörfer Holstein und Stormarn, ursprünglich zwei nebeneinander bestehende, gleichberechtigte Gaue und Grafschaften, eine Wandlung durchgemacht haben, an deren Ende Holstein allein den Begriff der Landesherrschaft darstellt, in welcher Holstenrecht gilt, während Stormarn, wenn auch immer noch Titelgrafschaft, tatsächlich zur Verwaltungseinheit im Sinne einer Vogtei oder eines Amtes herabgesunken ist. Wir haben diese Entwicklung beobachtet, wie sie im Gefolge der unausgesetzten Teilungen im schauenburgischen Hause erst dessen Kieler Linie mit Adolf V. und Johann II. 1273–1314, dann den Pinneberger Zweig mit Adolf VI. und Adolf VII. in Stormarn eingesetzt hat, bis Johann III., der Milde, vom Plöner Stamm, mit dem Vertrag von Oldesloe 1322 April 15 auch diese Vettern aus dem östlichen Stormarn und vom linken Alsterufer, wo sie sich im Schloss Wohldorf einen Mittelpunkt geschaffen hatten, endgültig hinausgewiesen hat. Es war ein erbitterter Kleinkrieg, der hier im Laufe von acht Jahren (1314–1322) sich abgespielt hat, dessen Spuren freilich der große Enderfolg der Vertreibung Adolfs VII. aus Wohldorf völlig verwischt hat. Graf Johann III. hatte ihn in der Hauptsache von der Burg Ahrensfelde her durch seinen dort eingesetzten Vogt Albrecht Zabel führen lassen. Diese Zeit aber, da die Kieler und die Pinneberger in Wohldorf Herren waren (bis 1322), ist es ausschließlich gewesen, die den Begriff *„Herrschaft Wohldorf“* geschaffen hat. Denn eine Herrschaft Wohldorf ist vorher wie nachher unmöglich. Denkbar ist immerhin, dass die nachmals von Hamburg in Wohldorf eingerichtete Gutswirtschaft, deren Inhaber ja gemeiniglich als Herren gegolten haben, das Aufkommen der Vorstellung „Herrschaft Wohldorf“ unterstützt und gefördert haben kann.

Es ist richtig, dass Graf Johann III. im Jahre 1333 (Juli 27 zu Lübeck) davon spricht, dass sein Vetter Graf Adolf VII. ihm *seine Burg Wohldorf*, samt den Kirchdörfern Bergstedt, Siek und Rahlstedt verpfändet hatte.

Aber im selben Jahre hat er auch zu Ahrensfelde, das also noch Vogteisitz war, dem dortigen Vogt Albert Zabel die Hufe in Siek geschenkt (1333 Jan. 6 Arnsvelde). Ahrensfelde hat als Vogteisitz mit Trittau getauscht, nicht mit Wohldorf, das legt schon die große Tauschurkunde von 1327 März 21 greifbar nahe (s. hierunter).

*Burg Ahrensfelde* ist sicher nur noch kurze Zeit Vogteisitz geblieben. Staatsmännische Überlegungen, die stark beeinflusst worden sind durch die Notwendigkeit besserer Grenzsicherung gegen das lauenburgische Gebiet, von dem aus eine unruhige und unbotmäßige Ritterschaft dauernd den Frieden störte, bestimmten Graf Johann III., den Amtssitz für das östliche Stormarn nach *Trittau* zu verlegen. Das musste er allerdings erst vom Kloster Reinfeld eintauschen, dem dafür reichlicher Ersatz wurde in den Dörfern Eylikestorpe (heute Meilsdorf), Arnsvelde (Ahrensfelde) und Woldehorn (aufgegangen in Ahrensburg), nebst dem Sumpf Beygemor (Beimoor nördlich Groß Hansdorf). Von seinem neuerbauten Schloss Trittau aus hat der Graf seine unzuverlässigen ritterlichen Nachbarn jenseits der Grenze in einem blutigen Gefecht bei Borchardestorpe (Borstorf Ksp. Breitenfelde, s. Nusse) zu Boden geschlagen und ihnen Respekt vor landesherrlicher Obrigkeit und Rechtsordnung wenigstens im Holstenlande beigebracht. Höchst anschaulich beschreibt das wieder Detmar von Lübeck: „To der tiid (1326) hadde greve Johan van Holsten buet dat hus to Trittowe in der monike ghut van Reynevelde; mit den droch he also over en, dat he beter gut ghaf dar vore, dat to Arnesvelde horet unde Woldehorne · do de greve dat hus hadde buet, dar af to sturende den van der Linowe unde anderen des hertoghen mannen van Sassen, de in sinem lande vil dicke roveden, do nam he sine man unde toch mit en in des hertoghen land; dar dede he schaden grot · do he weder uthe deme lande wolde then, do hadden de Sassen sie vorgadert bi Borcharderstorpe; dar wart en hart strid de greve van sineme rosse quam; den seghe he behelt uinde veng rike vanghene · des husvolkes was dar sere vele, de dar schaden deden; der wart vele dreven in Holstenlant, by den de greve gnade dede also de strid schude des donresdaghes na deme sonendaghe quasimodogeniti (= 1326 April 3, oder wahrscheinlicher 1327 April 23)."

Der *Amtmann von Trittau* ist bald nach dem Jahr 1326 für Oststormarn (links der Alster) der Vertreter der *landesherrlichen* Gewalt und damit auch der unmittelbare Gebieter in den Walddörfern, und in diesem Verhältnis ändert sich staatsrechtlich nichts, wenn ein Dorf durch Kauf, Tausch oder Verpfändung einen neuen *Grundherrn* erhält, sei das nun ein Bürger oder Ritter, ein geistliches Stift oder gar die Stadt Hamburg selbst. Der Amtmann heischt im Namen des Landesherrn von allen Untertanen die schuldigen Dienste und Hebungen, soweit sie nicht im Kauf- oder Pfändungsakt mit an den neuen Grundherrn übergegangen sind, also namentlich Wegebauten und -besserungen, seit dem 16. Jahrhundert auch den Türkenschatt, immer aber bleibt er der *Gerichtsherr*.

Es bedarf keines besonderen Hinweises, um zu verstehen, dass bei dem Fluss, in dem sich alle Erscheinungen des öffentlichen Lebens damals befanden, auch dieses Verhältnis nicht unwandelbar blieb. Ich erinnere nur an die gewaltige Wandlung, die damit vorgegangen war, dass die aufsteigende landesherrliche Gewalt die alten verfassungsmäßigen Instanzen völlig unterdrückt oder in ihren neuen Amtsträgern aufgefangen hatte. Es waren das die *Overboden* und *Boden*, die in den beiden Gauen Holstein und Stormarn auf je einem Goding und vier Lotdingen, jenes am Jahrschen Balken (sw. Hohenwestedt) und vielleicht im alten Seitenbütle (Egenbutle östlich Rellingen), diese in den je vier Urkirchspielen, Recht gesprochen hatten. Und doch waren es dieselben Overboden oder Ältesten (Präfekten) gewesen, die durch Jahrhunderte hindurch mit ihren Unterführern und ihrer wehrhaften Jungmannschaft den Ansturm der Wenden und Dänen aufgehalten haben, sie selbst, Führer und Leute, dabei unbändig verwildert und trotzig verblutend, noch einem Helmold Furcht und leisen Schauder einflößende Gestalten. Das war doch etwas mehr gewesen als der tote, angeblich von den letzten Karolingern aufgerichtete Sachsenwall, das war ein lebendiger Wall. Dafür wollten sie, die im Falderagau, in der Gegend des späteren Neumünsters, bei Bornhöved (Brunnenhaupt, Hauptquelle), im Swentinefeld ihre Sitze hatten, unter ihren Führern nach eignem Recht leben. Seit dem Aufkommen der Grafen und ihrer vom Reiche abgeleiteten Gewalt nahm das Amt der Overboden, das unmittelbar aus dem Volke erwachsen war und immer volkstümlich geblieben war, ständig an Rang und Bedeutung ab. In demselben Maße traten sie dann mit ihrem starken Rückhalt im sächsischen Adel in Gegensatz zu den Grafen, verließen wohl auch in ernsten Zeiten wie nach dem Sturze Heinrichs des Löwen oder angesichts der wachsenden dänischen Macht ganz die Sache der Schauenburger und schlugen sich auf die Seite ihrer Gegner. Nach der Wiederherstellung dieses Grafenhauses und dem Sieg von Bornhöved hat die Reaktion Schluss gemacht mit diesen stolzen, unbeugsamen Führern sächsischen Volkstums. Die letzten Vertreter der Familien, die einst dem Lande seine Richter und Kriegshelden gestellt hatten, die unter den aufgedrungenen Grafen noch Bannerträger und Heerführer gewesen waren, auch in den Godingen noch als erste hatten Urteil finden helfen, begegnen uns nur mehr vereinzelt in den Zeugenreihen gräflicher Urkunden (1273 Juli 24 Hammenborch: dominus Marquardus prefectus Stormarie, dominus Marquardus prefectus de Segeberge ... ) oder als nachgeordnete ausführende Organe des Landesherrn (1338 April 14: nuncii illi, qui overboden nuncupantur). Am frühesten verschwinden sie jedenfalls in unserem Stormarn; auch dies eine Auswirkung der stärkeren Übersiedlung mit all ihren kulturellen Begleiterscheinungen.

Man soll indessen ja nicht glauben, dass die Schauenburger nunmehr nach Niederringung dieser ihrer Vorgänger und Rivalen in den Vollbesitz der absoluten Gewalt im Lande gekommen wären. Anstelle jedes beseitigten Gegners erstanden ihnen mindestens zwei neue. Der Landesadel, soweit er früher zu den alten einheimischen Machthabern gestanden, ließ sich den Übertritt, sofern er für die Sache der Grafen eingetreten war, die bewährte Treue, mit reichlichem Lohn an Gütern und Rechten bezahlen. Und wenn auch die Schauenburger ihre holsteinischen Lehnsleute, die schließlich aus keinem andern Holz geschnitzt waren als einst die Overboden und deren Gefolgschaft, weit strenger und erfolgreicher im Zaum hielten als die benachbarten Lauenburger Herzöge die ihren, so fehlte es doch nicht an Auflehnung aus diesen Kreisen, ja an bewaffneten Aufständen, von denen der schon erwähnte um Wohldorf und Stegen im Jahre 1347 noch einer der leichtesten war. Recht ernst war die große Erhebung von 1306, die mit einem vollen Siege des Grafen endete (Detmarchronik S.399 f.), bedrohlich auch der Adelsbund von 1323 Nov. 11 (Hasse 3 Nr.526).

Nicht weniger als es die Kämpfe nach außen und innen taten, verzehrten natürlich die fortgesetzten Teilungen im schauenburgischen

Hause dessen Mittel. Mit diesen Landesteilungen, deren erste wohl Ende Mai 1273 zwischen der älteren, Kieler, und der jüngeren, Itzehoer Linie zu Segeberg vorgenommen wurde, ging Hand in Hand die Schaffung der Vogteien oder späteren Ämter. Von ihnen sind die zu Plön, Kiel, Steinburg (später Itzehoe), Rendsburg, Segeberg bis weit ins 19. Jahrhundert hinein grundlegend geworden; neue Teilungen ließen neue Ämter entstehen, die zum Teil nur von kurzem Bestand waren, zu Uetersen und Pinneberg, Ahrensfelde und Wohldorf, zu Trittau und Barmstedt, zu Tremsbüttel und Reinbek, dieses zuletzt als Landratsamt, das 1873 nach Wandsbek verlegt worden ist. Damals war es auch, dass die ganz unhistorische Verschiebung der Grenzen des Kreises Stormarn nach Norden bis jenseits der Trave erfolgte. Aus Hamburg und dessen westlicher Nachbarschaft waren stormarnsche Beamte und Gaugrenzen schon weit früher gewichen.

Die Amtsleute waren als die dem Grafen unmittelbar unterstehenden Landesbeamten gewichtige Persönlichkeiten: am 17. Februar 1342 verpflichteten sich ihrer mehrere, darunter Johann Hummelsbüttel und Longe Beyenflet, zwecks Unterstützung eines Bündnisses des Grafen Johann mit der Stadt Lübeck die Vogteien Plön und Trittau als Pfänder für die Treue des Grafen einzubehalten. Verhängnisvoller noch war es für diesen, dass er zur Beschaffung von Mitteln ganze Vogteien verpfänden musste wie 1375 Juli 13 das Land zu Stormarn mit dem Schloss Trittau an die Stadt Lübeck, oder gar dass die Rendsburger Grafen in der Ämterverpfändung zeitweise soweit gingen, dass sie kaum noch eine Vogtei zu ihrer unmittelbaren Verfügung hatten. Die zunehmende Abhängigkeit der Grafen von ihren adligen Pfandgläubigern brachte es mit sich, dass die von diesen ausgebeuteten Bauern an den Landesherrn keinen Schutz gegen ihre Bedrücker fanden und sich von beiden gern weg in Hand der Städte, Bürger und Geistlichkeit wünschten und gaben.

Dass auch von dieser Seite ihnen schweres Ungemach widerfahren konnte, bewies der sogenannte Kapitelkrieg, der in Hamburg Bürgerschaft und Domkirche fast zwanzig Jahre lang, 1338–1355, entzweite und bis nach Hoisdorf und Lütjensee, bis Wulfsdorf und Wulksfelde durch die Hände der über Bann und Interdikt maßlos erbitterten Bürger ganze Dörfer in Flammen aufgehen und plündern ließ. Die Grafen standen damals auf Seiten der Kirche gegen die Stadt, die in einer Sonderfehde auch den holsteinischen Adel zu ihren Widersachern zählte. So kam es, dass Mitglieder der Ritterschaft eine Unzahl von Orten im Bereich und Gebot der Stadt heimsuchten, sie hausten übel in Bramfeld, Fuhlsbüttel, Alsterdorf, Langenhorn, *Farmsen,* Horn, *Berne,* Lockstedt, Niendorf, Othmarschen, Ottensen und Hasloh, wobei wir nebenbei erfahren, dass Farmsen und Berne damals (1344) als hamburgischer Besitz galten und behandelt wurden, eine Nachricht, die unsere bisherigen Kenntnisse über Zugehörigkeit einzelner Landgebiete zu Hamburg wertvoll ergänzt. Ich möchte aber auch die Gewalttat des Ritters Marquard Wulf gegen Schmalenbek, das dem Domkapitel zustand, jenen selben Kämpfen einreihen. Sie gehört dem gleichen Jahr an wie die eben aufgezählten Untaten, von denen sie sich nur dadurch unterscheidet, dass sie nicht gegen die Stadt, sondern gegen die Domherrn sich richtet. Übrigens hat Marquard Wulf schon am 28. März 1344 der geschädigten Kirche Genugtuung geleistet.

Inmitten so viel kriegerischer Unruhe ist immer noch ein ruhender Pol in der Erscheinungen Flucht die *Stadt Hamburg,* eine zielbewusst und unbeirrt aufsteigende Macht gegenüber dem raschen Absinken landesherrlicher und ritterschaftlicher Gewalt. Siegerin geblieben im Kampfe mit dem Domkapitel, sieht sie den Grafen, einst ihren Stadtherrn, an Einfluss und Geltung zu einem Schatten gemindert, aus ihren Mauern weichen: *die Alster* wird ein stadthamburgischer Fluss von ihrer Mündung bis zur Quelle (1306, 1309, 1310), *die gräfliche Münze* gelangt durch Kauf in die Hand der Stadt (1325), *Grund- und Gerichtsherrschaft* wird in hartem Ringen dem Landesherrn, der der Graf doch immer noch ist, tatsächlich entwunden, *die gräfliche Vogtei* kommt in den Pfandbesitz der Stadt (1392). Aus der Alsterstadt (noch bis 1306), einer Fischerstadt, ist seit den letzten Jahrzehnten des 13. Jahrhunderts, dank einer großzügigen Politik die Beherrscherin des Elbstromes von dessen Mündung bei Ritzebüttel bis aufwärts nach Geesthacht geworden, ein Hafen der Seeschiffe. Fast im gleichen Jahr (1420), da mit der Eroberung Bergedorfs jene weitschauende Staatskunst zum Ziel geführt ist, setzt nordwärts nach der Landseite zu eine nicht weniger groß angelegte Politik ein. Sie gilt der Befriedung des weiten, der Stadt vorgelagerten Landes Stormarn, diesmal nicht durch Mittel der

*Die ursprüngliche Vordertür des Herrenhauses in Wohldorf an dessen Ostseite*

Diese Tür mit der lateinischen Inschrift stellte ehedem das Hauptportal des Herrenhauses dar, dem die vom Vorwerk her den Graben überschreitende Brücke galt. Hier war die Vorderseite des Hauses und über die Brücke erfolgte vom Vorwerkshof die Auffahrt zum Herrenhaus, bis die Neuanlage der Westbrücke an der gegenüberliegenden Seite im Jahre 1777 die östliche oder Vorwerksbrücke zur bloßen Laufbrücke werden ließ.

Lichtbild des Denkmalschutzamtes Hamburg, aufgenommen 1936

*Das Herrenhaus in Wohldorf von Westen;*
*der heutigen Vorderseite*

Zugang heute über einen 1856 angelegten Erddamm mit steinernem Wasserdurchlass an dessen Stelle vordem seit 1777 die neue Brücke sich befand. 1824 bestand diese aus vier Zwischenjochen und war 20 Meter lang. Das eiserne Gitter am Brückentor zeigt heute noch zwei Eulenköpfe, die das Haus vor Blitz und Feuer schützen sollen.

Das Herrenhaus ist ein schlichter, barocker Fachwerkbau mit Walmdach. Jenseits des Grabens entstand 1776 als Gartenanlage der „Jungfernstieg", ein Laubengang, und auf der anderen Seite die feudale Herrenhausallee.

Lichtbild des Denkmalschutzamtes Hamburg, aufgenommen 1936

Eroberung und der Gewalt, sondern indem der handels- und gewerbebeflissene Bürger als Besitzer die Landschaft friedlich durchdringt und schon damit der Festsetzung und Willkür fremder, nach eigenem Recht lebender Grundherren den Boden unter den Füßen wegzieht.

Die Männer aber, die diese nüchterne Wirklichkeitspolitik treiben, fern allem romantischen Phantasieren und unruhigem Spekulieren, entstammen, wie Namen und Herkunft beweisen, zu einem erheblichen Teile Holsteiner und Stormarner Ritter- und Bauerngeschlechtern. Es sind Leute, die im Schutz der Hamburger Mauern Friede, Freiheit, Ordnung und Brot gefunden haben und die jetzt die Segnungen, deren sie selbst teilhaftig geworden, auch denen draußen zukommen lassen möchten, damit Handel und Wohlfahrt im Lande sich breite und damit eine der ständigen Gefahrenquelle für die Stadt sich schließe.

Es ist die Atmosphäre, in der die hamburgischen Erwerbungen in der Grafschaft Stormarn gediehen sind. Wenn ich diese Erwerbungen so von vornherein wirtschaftspolitisch begründe, möchte ich ein für alle Mal als unmittelbares Motiv die Bekämpfung der in Stormarn überhaupt nicht vorhandenen Raubritter oder die Herstellung einer „Landbrücke" zwischen Hamburg und Lübeck ausschließen, aber ebenso die fiskalischen Erwägungen der Gewinnung von Nutzholz für Haus- oder Schiffbau. Man treibt in Hamburg und zwar schon geraume Zeit vor dem auf Dauer gemeinten Erwerb ländlichen Besitzes diese Ausdehnungspolitik auf das flache Land hinaus, nicht um unmittelbar durch friedliche oder kriegerische Eroberungen Absichten der Vergrößerung und Machtmehrung zu dienen. Solche Zwecke und Ziele mögen bei dem einzelnen, privaten Landnehmer immer mitgesprochen haben. Aber eben weil er nicht das Ganze ist, kommt auch seinem Wirken keine dauernde Bedeutung zu. Anders das städtische Gemeinwesen, das mehr oder weniger bewusst schon hinter den ersten dieser bürgerlichen Landnahmen steht und dank seiner Fähigkeit, politisch zu denken, sich darüber klar ist, dass jede Art von Gewinnung städtischen Besitzes außerhalb des Weichbildes den friedlichen, kaufmännischen, gewerblichen Einfluss ebenso viel steigern muss, als sie dem ritterschaftlichen Abbruch tut. Insofern kommen alle bürgerlichen und städtischen Grunderwerbungen mittelbar der Befriedung des Landes zugute; auch die Ausdehnung des geistlichen Besitzes wirkte in derselben Richtung, und es wird sich nicht leugnen lassen, dass die Überlegenheit städtischer Ordnung in Verwaltung und staatsmännischer Voraussicht der Entwicklung ständischer Libertät und Willkür ein kräftiges Paroli geboten hat.[8]

## 4. Hamburg erwirbt die Walddörfer

Hamburg-bürgerlicher Besitz in den Walddörfern reicht bis in deren Anfangszeiten zurück. Ich erinnere an Leo von Erteneborch, der als Bürgermeister von Hamburg i.J. 1274 drei Hufen in Johansdorpe, das damals urkundlich überhaupt zuerst vorkommt, dem Heiligen-Geist-Spital in Hamburg überträgt. Auch Berne befindet sich vor und nach 1325 in den Händen von Hamburger Bürgern. Farmsen wird 1347 dem Daniel vom Berge zu Hamburg verliehen und bleibt von da an so gut wie dauernd ein Lehen Hamburger Bürger[9] bis es 1576 aus Bürgerhand in den Besitz der Stadt übergeht. Endlich haben so namhafte Hamburger wie Bertram Horborg, Kersten und Werner Miles schon vor 1370 Juni 9 ganze Güterkomplexe mit Wohldorf, Hoisbüttel und Schmalenbek an sich gebracht, allerdings auf Verlangen des Landesherrn, Grafen Adolf VII., der ungern solche Adelsgüter in bürgerliche Hände kommen sah, (vor 1396) den Rantzaus zum Wiederkauf überlassen müssen, bis sich das Schicksal dieser Dörfer, kaum ein Menschenalter später, doch erfüllte.

Die eigentlichen *städtischen Erwerbungen* in den Walddörfern, die als solche deshalb nicht verkannt werden dürfen, weil sie zunächst durch Privathand gehen, liegen etwas früher als bisher gemeinhin angenommen wurde. Zwischen 1417 und 1421 nämlich hat Graf Heinrich III.

---

8 Stark gefördert hat mich in dem vorstehenden Gedankengange wertvolle Anregung, die der Direktor unseres Staatsarchivs, Herr Prof. Dr. Reincke, mir gesprächsweise gegeben hat im Anschluss an die Fünfhundertjahrfeier in Groß Hansdorf (Dezember 1935); an seine treffliche Geschichte Hamburgs habe ich mich auch bei der zusammengerafften Darstellung der städtischen Entwicklung im 13. und 14. Jahrhundert angelehnt.

9 Vgl. oben S.11 f., auch S.12 f.

von Holstein seine Genehmigung dazu erteilt, dass die Gebrüder Arnd und Henning von Heest dem Bürgermeister Heinrich Hoyer zu Hamburg und dessen Bruder Albert ihr Dorf Johannesdorpe um 600 Mark Lübische Pfennige und um weitere 200 Mark verpfändeten.[10] Erst im Jahre 1435 haben dann die beiden Brüder dem Rat zu Hamburg das Dorf zum Gestehungspreis überlassen und wieder sieben Jahre später (1442 Sept. 8) hat Graf Adolf VIII., der willens gewesen war, das Dorf wieder einzulösen, ... „en dat sulve gud to dem Johansdorpe vor en pand ghelaten dorch vrundliker bede willen ichtiswelliker unser leven getruwen unde ok dumme getruwes denstes willen, den uns de sulven hern Hinric Hoiger unde Albert sin broder gedan hebben unde vorbat don moghen ... mid aller vrigheid unde rechticheid, mid deme hoghesten unde siidesten rechte unde gerichte, mid ackere, wischen, weyden, holthouwinghen, holtinghen, wateren, vischerien vischen, afrisinghen unde upkomynghen jeghenwardich unde to komende, wo de genomed sind unde meenliken, mid alle sinen tobehoringhen, alse dat sulve gud beleghen is in siner schede, abse *Arnd unde Henningk, brodere, gehetende Hesten,* unde ere elderen unde vorvaren dat alder vrigest wente heerto hebben beseten vor de vorscreven achtehundert Lubesche mark penninghe unde dar en boven vor vifhundert Lube[-sche] mark penninghe, de her Hinric unde Albert erben[ant] boven de vorscreven achtehundert mark uns to gantser noghe wol hebben entrichted ... " (1442 Sept. 8).

In einem wörtlich größtenteils gleichlautenden Schriftstück vom 27. September 1444, das wie das vorige als Ausfertigung auf der Trese im Hamburger Staatsarchiv vorliegt, haben dann die Brüder Hoyer, Bürgermeister und Bürger, das ihnen von Graf Adolf für 1300 Mark Lübische Pfennige verpfändete Johannesdorf um den gleichen Betrag an Bürgermeister und Rat der Stadt Hamburg weiter verpfändet.

Laut einer Eintragung im Roten Stadtbuch 1292 (1301) des Hamburger Staatsarchivs[11] hätte die Übertragung der Pfandverschreibung durch die Brüder Hoyer an Bürgermeister und Rat schon im Jahre 1435, und zwar in der Höhe von 1300 Mk. Lüb. Pf. stattgehabt. Nach

10 Enthalten in Urkunde 1442 Sept. 8, 3. 5/6.

11 Seite 164 rechte Spalte.

den beiden eben mitgeteilten Briefen kann es sich bei dieser Buchung zum Jahre 1435 nur um einen Irrtum handeln, doch muss sie nach den mitgeteilten Einzelheiten namentlich über die Schweinemast eine andere Urkunde als die unsrige von 1444 zur Vorlage gehabt haben. Auch die Notiz in den Kämmereirechnungen, dass Heinrich und Albert Hoyer i.J. 1442 über die Pfandsumme für Hansdorf hinaus eine Zahlung von 4400 Pfund erhalten haben, ist für unsere Darstellung belanglos. Die Absicht der Erwerbung und die zielbewusste Ausführung dieses Vorhabens wird genügend bezeugt durch die drei Urkunden von [1417–1421], 1442 Sept. 8 und 1444 Sept. 27, dazu eine vierte, die wie die obige erste verloren ist, die aber der Eintragung von 1435 zur Unterlage gedient hat. Indem wir diese Belege zusammenfassen, lenken wir die Aufmerksamkeit auf die Tatsache, dass nach dem uns vorliegenden Material Pfandverschreibungen nur zwischen Graf Heinrich III. von Holstein und den Gebrüdern Hoyer sowie zwischen Graf Adolf VIII. und denselben Empfängern, die ihre Pfandrechte dann an Hamburg übertragen haben, niemals aber zwischen den Grafen und der Stadt ausgetauscht worden sind. Das ist für die Beurteilung der Rechtslage äußerst wichtig. Denn selbst wenn man Hamburg für jene Zeit den Rang eines Reichsstandes zubilligen wollte, was an sich schon ein Unding ist, so haftet dem Erwerb dieses Walddorfes doch immer noch der Mangel an, dass es ihm nur von privater Seite her, nicht durch den Landesherrn, ja nicht einmal mit dessen Genehmigung verschrieben ist. Endlich aber ist auch die Eigenschaft pfandweisen Besitzes für alle Zeiten anfechtbar. Dass davon später noch Gebrauch gemacht wurde, werden wir weiter unten zeigen.

Um eine bloße Verpfändung geht es auch bei dem nächsten und bei weitem umfangreichsten Landerwerb, den Hamburg in den Walddörfern gemacht hat, nur dass hier der bisherige Besitzer selbst, der Knappe Bruneke von Alverslo, genannt von Kaden, unmittelbar an Bürgermeister und Rat verpfändet. Alveslohe liegt zwischen Barmstedt (daselbst auch Schloss Rantzau) und Ulzburg, Kaden halbwegs zwischen Alveslohe und Ulzburg. Bruneke war mit einer Jutta von Heest vermählt; seine Schwester Ida war die Ehefrau eines von Caden gewesen, ihr Sohn Claus von Caden, für den Bruneke wohl Vormund war (genannt „von Caden"). Die Verwandtschaftsverhältnisse bleiben trotz reichlicher Aufschlüsse in Danmarks Adels Aarbog über die Familien Heest (1897 S.205–210) und Hummelsbüttel (1922 S.503 bis 506, dazu Slaegten Ahlefeldts Historie I 1897–1912 und Tillag III S.97–99) für unsere Zwecke noch völlig unklar. Ich glaube nur so viel aus den vorliegenden Urkunden schließen zu können, dass der ganze Güterkomplex, der 1396 Nov. 19 von den Brüdern Rantzau an Henneke Hummelsbüttel verkauft worden ist, geschlossen durch Erbgang oder Kauf an Bruneke von Alverslo gelangt ist. Von dem haben wir dann zum 10. April 1437 die nachstehende Pfandverschreibung: „Ik Bruneke von Alverslo, anders geheten van Coden, knape, bekenne vor my unde myne erven ... dat ik hebbe vorpandet unde uppelaten ... den ersamen borgemeisteren unde rademan[nen] der stad Hamborgh unde eren nakomelinghen to der sulven erer stad bruklike nut unde behoeff ... alle myne gudere, de ik unde myne erven hebben to deme Woltorpe; [to deme Hoyersbüttel dat halve dorp mid deme hovecampe, mid deme Molenbruke] unde mit deme hove, dar de wal ane beleghen is; to deme Smalsenbeke; to Volkmerstorpe; to deme Lotbeke; to Roskesberghe unde den Herkenkroch; mid denste, holtinghen, weyde, vischen, watere, molen, molendiken, heyde, ackere, buwed unde ungebuwed, mit deme richte hoghesten unde siedesten unde vort mid allerslachte mid unde tobehoringhe, vrigheid unde rechticheid, alse ik de vorben[anten] gudere alder vrigest wente in dessen dagh beseten hebbe unde alse de sulven gudere mid allen eren scheden van oldinghes geleghen hebben unde noch jeghenwardich ligghen, vor veerdusent Lubesche mark penninghe, der ik dredusent fofhundert unde viffundeveftich mark in redem ghelde unde golde to myner gantsen genoghe entfanghen unde upgebord unde vort in myne unde myner erven bruklike nut gekard hebbe ... “[12]

Er verspricht ferner, Wohldorf nebst Zubehör von darauf ruhenden Lasten und Ansprüchen frei zu machen (er hatte laut Urkunde von

12 Der Text dieser Pfandverschreibung ist namentlich in der Benennung der verpfändeten Güter wörtlich aus dem Kaufbriefe von 1396 herübergenommen doch sind dem Schreiber durch Umstellung der Namen einige Versehen in die Feder geraten, die ich in meiner Wiedergabe vermieden habe, indem ich dafür den Wortlaut des Originals von 1396 einsetzte in [ ].

1438 März 9 seiner Ehefrau Jutta von Heest einen Teil von Wohldorf als Leibzucht verschrieben); das bis zum heutigen Tage gefällte harte und weiche Holz gehört noch ihm, alles, was weiterhin durch Wohldorf geflößt wird, samt dem Holzzoll, steht den Pfandnehmern zu; *der Pfandgeber darf jederzeit die verpfändeten Güter für 4000 Mark wieder einlösen* unter gleichzeitiger Vergütung etwa von dem Pfandnehmer vorgenommener Verbesserungen.

Bemerkenswert ist an unserem Schriftstück, dass es eben wieder nur Pfandverschreibung ist so gut wie die Veräußerung von Hansdorf an die Gebrüder Hoyer. Erinnern wir uns, dass schon 1370 der Landesherr Graf Adolf VII. gegen den Verkauf derselben Güter an Hamburger Bürger Einspruch erhoben und die Bedingung gestellt hatte, dass Otto von Rantzau die genannten Güter aus der Hand der Hamburger Bürger wieder zurückkaufen müsste. Das ist auch geschehen. Aber weitere Verkäufe sind, weil gegen das landesherrliche Interesse verstoßend, wenigstens unter schauenburgischer Herrschaft nicht mehr getätigt worden. Wenn derselbe Graf Adolf VII. zu Plön, der 1370 Güterverkauf an Hamburg beanstandet hatte, wenige Jahre später (1375 Jan. 23) einwilligt, dass Ritter Johann Hummelsbüttel Berne an das Georgsspital in Hamburg verkauft, so geschieht das mit der Maßgabe, dass der Verkäufer für das bisherige Lehen Berne dem Grafen ein anderes, nämlich das Dorf Hertogendorp (im Amte Trittau) aufgeben muss. Die Bewohner von Berne werden ferner von herrschaftlichem Dienst und Grafenschaft, von landesherrlicher Bede wie dem Gehorsam gegen Amtsleute und Vögte befreit, das Spital erhält das Recht, das Dorf zu verkaufen oder zu versetzen; aber darum bleibt die landesherrliche Obrigkeit doch nach wie vor bestehen.

Eine gewisse Bestätigung der eben ausgesprochenen Ansicht von der Unzulässigkeit des Verkaufs holsteinischer Dörfer an Hamburg glaube ich in der in eben dieser Zeit versuchten Veräußerung des Dorfes *Ohlstedt* an die Stadt zu sehen. Tatsächlich haben die Vettern Marquard Struetz, Johan Strutzes Sohn, kund Emeke Struetz der Ältere am 28. Oktober 1407 ihr …

> dorp ghenomet Oldensteden in deme kerspele to Berchstede, alse dat beleghen is mid siner veltmarke … vorcoft unde upghe-

> laten ... deme erbaren manne hern Hildemer Lopowen borgshemester to Hamborch ... vor twehundert unde theyen mark Hamborgher penninghe ...

allerdings wiederkäuflich. Dieser Wiederkauf scheint auch sehr bald, ob mit oder ohne Druck von landesherrlicher Seite her, entzieht sich unserer Kenntnis, getätigt worden zu sein. Freilich nicht durch die Strutz selbst, sondern durch ihre Sippen- und Wappenverwandten, die Hummelsbüttel. Am 13. April 1463 hat Hart[w]ich Hummelsbüttel sein Dorf Ohlstedt für 280 Mk. Lüb. Pf. an Bürgermeister und Rat zu Hamburg verkauft. Die Zustimmung des neuen Landesherrn, des Oldenburgers Christian, der ja den holsteinischen Ständen zumeist seine Erhebung verdankte, schien jetzt nicht mehr nötig. Das ist also der dritte Handel, dem landesherrliche Genehmigung fehlt.

*Farmsen*[13] durchlief innerhalb eines Vierteljahrtausends eine bunte Reihe von Herrenschicksalen: 1347 von Graf Johann III. zu Plön dem Hamburger Bürger Daniel vom Berge zu Eigentum verliehen, ward es von dessen Erben, dem Knappen Marquard Crumbek zu Lübeck, wieder an einen Hamburger namens Heine mit dem Bogen für 143 Mark Hamburger Pfennige verkauft (1361 Januar 7). Auch der hat sich nicht lange des Besitzes erfreut; denn 1394 finden wir vier andere Bürger zu gleichen Rechten als Herren von Farmsen, nämlich Jürges Hoppener, Eylerd Stapelvelde, Gher[h]ard Erpman und Lübeke Alstorp. Dieser Viererbesitz ist nachmals durch Vererbung und Veräußerung in zwei sehr ungleiche Teile auseinandergegangen. Die letzte Erbin des Gherhard Erpman nämlich, Clawes Erpman's nachgelassene Witwe Reyme Erpman hat 1462 September 28 ihren vierten Teil im Dorfe to Vermersen für 130 Mark Hamburger Pfennige an Syvert Stortekaren verkauft, der seinerseits diesen Erwerb schon 15 Jahre später (1477) an die Stadt Hamburg veräußerte, und zwar um den Preis von 72 Pfund.

Dieser Besitzübergang aus der Hand des Stortekaren an die Stadt Hamburg ist dadurch merkwürdig und folgenreich geworden, dass

13 Vgl. außerdem die soeben als Festschrift zur Farmsener Heimatwoche herausgebrachten Arbeit von E. Dibbert und A. M. Baalk: Die Geschichte der hamburgischen Landgemeinde Farmsen-Berne, 1936, S.13 ff.

aus dem Vierteil von Farmsen, das Stortekaren im Jahre 1462 erworben hatte, im Besitz Hamburgs plötzlich und unvermittelt ein Dritteil geworden ist. Diese Wandlung ist auch darum höchst auffällig, weil die Erben der übrigen drei Vierteile, die in Privathand geblieben waren, der Stadt Hamburg den Anspruch auf ein Dritteil immer bestritten und ihr immer nur ein Vierteil zuerkannt haben, wie denn tatsächlich die Stadt auch weiterhin nur den vierten Teil der Gesamthebungen des Dorfes bezogen hat. Nun ist allerdings die Kaufhandlung von 1477 nicht in einer öffentlichen Urkunde überliefert, die stets von zwei Seiten her übersehen wird, sondern nur als einseitige Auszeichnung in den sogenannten Kämmereirechnungen der Stadt. Da eine Nachprüfung des handschriftlichen Textes dieser Eintragung keinen Anhalt zur Erklärung des veränderten Bruchteils ergeben hat, bin ich geneigt, ein Versehen, einen bloßen Irrtum des Schreibers, der den Eintrag vorgenommen hat, anzunehmen, nicht eine bewusste Fälschung. Erst später als der Streit zwischen den Erben der drei Vierteile, Heinrich Von Hutlen, und der Stadt Hamburg, sich zu leidenschaftlichem Rechtshandel auswuchs, mag die Stadt, der die Eintragung im Kämmereirechnungsbuch vollauf genügte, den von ihrem Widerpart hartnäckig herausgeforderten Kaufbrief haben verschwinden lassen. Jedenfalls haben sich die übrigen drei Vierteile sehr bald wieder in einer Hand zusammengefunden, und zwar in der einer Familie Hertzfeld (Vater Conrad und Sohn Jasper), von der sie 1497 an Heinrich Köster und dessen Schwäger, die Brüder Joachim und Cordt Stortekaren, fielen.[14] Das sieht fast so aus, als ob Heinrich Köster durch Vermählung mit einer Schwester dieser Stortekaren Ansprüche des oben erwähnten *Syvert Stortetkaren* erheiratet hätte, wüssten wir nicht, dass dieser es war, der ein selbst erst erkauftes *Viertel an die Stadt Hamburg gebracht* hat. Immerhin lassen die drei Vierteile außer dem Erpmanschen Anteil noch Spielraum genug für eine rein rechnerische Lösung der Angelegenheit. Tatsache ist nur, dass *Heinrich Köster*, wenn er auch

14 1498 Jan. 26, stellen Bürgermeister und Rat der Stadt Hamburg einen Revers darüber aus, dass Jaspar Hertzevelde's Erben ihnen drei Briefe über Farmsen (die indessen über den Verkauf eines Teiles von Farmsen an Hamburg nichts besagten) zur Aufbewahrung ausgehändigt hätten, Ausfert. im St. Archiv Hamburg, S.6.

*gewisse Ansprüche Hamburgs* auf ein Viertel der Hebungen, nicht des Dorfes anerkannte, *sich schließlich als den alleinigen Herrn von Dorf und Gut Farmsen betrachtete,* das er auf seinen Sohn Hans Köster vererbt hat. Hans Kösters älteste Tochter Anna aber wurde die Ehefrau des Ratsherrnsohnes Heinrich von Hutlen, [15] der dadurch in das Erbe von Dorf und Gut Farmsen eingetreten ist. In dem sehr ausführlichen Ehezärter vom 29. April 1550 heißt es, dass Hans Köster und seine Gattin Adelheid, um alle Zwietracht zu vermeiden, das Dorf Farmsen ungeteilt ihrer ältesten Tochter Anna mitgeben, unter der Bedingung, dass sie mit ihrem Ehemann Heinrich von Hutlen die Mitsorge für ihre Schwestern übernimmt und dass sie beide den Eltern auf Lebenszeit die Hälfte des Aufkommens aus dem Dorfe überlassen, nach deren Tode aber das Ganze zu dem abgeschätzten Werte von 2400 Mark übernehmen. Wenn jedoch von Hutlen neue Einrichtungen schafft, wie etwa eine Mühle, einen Aalfang oder einen Fischteich anlegt oder einen Bergfried baut oder eine Viehzucht oder Schäferei einrichtet, dann tragen die Eltern die Hälfte der Unkosten, um ebenfalls die Hälfte der Erträge zu genießen. Heinrich von Hutlen legt ihnen einmal jährlich von dem Betriebe Rechnung. Nach Annas und ihrer Eltern Tod soll Heinrich von Hutlen das ganze Dorf ungeteilt und unvermindert besitzen und genießen, danach soll es an seine ihm von Anna geborenen Kinder, sonst, und falls diese erbelos abscheiden, an Hans Kösters Kinder und Kindeskinder zurückfallen. Leitender Gesichtspunkt dieser Erb- und Ehepartnerbestimmungen ist immer, „dat *dat mehr bestemmede Landtgut Vermerßen …* bei den nechsten von Annen Kosters und, wehr sie und ahre Lives Erven und Dahl-Linie nicht mehr vorhanden, allßdann bei den andern nechsten von Hansen Kosters Blodes Stammen und nechster Linien to ewigen Tiden bliven und darvan

15 Über die Familie von Hutlen, die aus Holland stammte und sich ursprünglich van Hutlen nannte, s. Dibbert und Baalk, Geschichte der hamburgischen Landgemeinde Farmsen-Berne, 1936, S.78f. Der erste in Hamburg nachweisbare Stammvater des Geschlechts, Hinrich van Hutlem, erscheint daselbst 1391 als Bürger. Unser Heinrich von Hutlen, noch im Ehezärter von 1550 wie im Siegel und Wappen van Hutlem genannt, war der Sohn des Ratsherrn Gerdt van Hutlem, gehört also mindestens der 5. oder 6. hamburgischen Generation an und heißt in Hamburg schlechtweg von Hutlen.

*Die ursprüngliche Hintertür (heutige Vordertür) des Herrenhauses in Wohldorf an dessen Westseite*

Als ehemalige Gartenseite lebhafter und dekorativ mit Blumenmustern bemalt. Über der Tür das Hamburger Wappen, von zwei Löwen gehalten. Fensterläden nach Art niederländischer Architektur nur für die untere Fensterhälfte.

Das Innere enthält hübsche Biedermeiermöbel im Keller ist noch das alte Verließ mit stark vergitterter Tür vorhanden. Es diente zur Bestrafung der Wald-, Feld- und Fischfrevler seit der Erbauung des Hauses.

Lichtbild des Denkmalschutzamtes Hamburg, aufgenommen 1936

nicht verruckt und entwendet werden schall." Diese Bestimmungen sind klar und unmissverständlich. Von mitberechtigten Teilhabern an Dorf und Gut Farmsen verlautet nichts.

Der schon mit dem Besitz Farmsens ererbte Streit war nicht das Einzige, was Heinrich von Hutlen's Leben fortan zum Kampf werden ließ. Die Tragik im Schicksal dieses Mannes, dessen Natur an sich durchaus gutartig und friedfertig war, lag darin, dass er in Verhältnisse gestellt wurde, die mit seinen schlichtbürgerlichen Begriffen überhaupt nicht zu meistern waren, die staatlichen so wenig wie die wirtschaftlichen Gewalten.

Es darf nicht übersehen werden, dass gerade in der Zeit der Übernahme des Dorfes Farmsen durch Hutlen auch in der Wirtschaft schwerwiegende Wandlungen sich vollzogen: es ist der Übergang von der individuellen, bäuerlichen Betriebsweise und Hufenwirtschaft, deren Erträge als Ganzes dem Grundherrn zuflossen, zur Gutsherrschaft, die der Grundherr selbst in die Hand nimmt und je nachdem, durch Bauernlegung oder durch Ausnutzung der persönlichen bäuerlichen Arbeitskraft (neben Grundhauer meist ungemessene Hand- und Spanndienste) so intensiv und gewinnbringend wie möglich gestaltet. Hier ist es auch, wo die Leibeigenschaft richtig einsetzt.

Indem nun Heinrich von Hutlen in Farmsen alsbald diese Betriebsweise durchführte, waren Reibungen mit den Bauern und dem Bauernvogt fast unausbleiblich; durch gesteigerte Inanspruchnahme der grundherrlichen Rechte ergaben sich aber auch Gegensätze zu konkurrierenden Gewalten wie dem holsteinischen Amtmann in Trittau, oder zu Mitbesitzern wie der Stadt Hamburg.

Im Jahre 1555 hat Heinrich von Hutlen beim Reichskammergericht Klage gegen die Stadt Hamburg erhoben wegen angemaßter Rechte am Dorf und Gut Farmsen. Es ist sehr seltsam, dass die Stadt weder damals noch in den ganzen zwanzig Jahren, während deren der Prozess bis zum Tode des Klägers sich hinzog, jemals versucht hat, ihre erkauften Besitztitel durch Vorlegung der Kaufurkunde, die damals doch erst 78 Jahre alt war, bündig zu erweisen.

Heinrich von Hutlen, der gegen Ende des Jahres 1575 oder zu Anfang 1576 gestorben ist, hat das Ende des erbitterten Rechtsstreites nicht mehr erlebt, der von 1555 bis zu Beginn des Jahres 1576 gewährt hat und mit schweren Bedrohungen Beleidigungen, ja mit Tätlichkeiten, vor allem aber mit der Feder geführt worden war.

Wochenlang tagte die Kaiserliche Kommission in Blankenese und Wedel und füllte Bände mit den Aussagen der Zeugen; endlose Akten gingen zwischen Hamburg und Speyer hin und her: ob die Bauern Hinrich von Huttlen als ihren Herrn erkannten, ob sie ihm die Hauer für das Oberland gezahlt, wem die Ziegelscheune gehöre, wem das Holz und wem die Jagd, wer Gerichte im Dorfe abgehalten habe; über das Recht, Vieh als Pfand zu nehmen und aus der Pfandschaft zu befreien, Feldfrucht zu beschlagnahmen, Herdfeuer auszugießen; über alles ward verhandelt, ein greifbares Ergebnis nicht erzielt. Darüber starben die Hauptbeteiligten weg, wohl anfangs 1561 Hans Köster, 15 Jahre später sein Schwiegersohn Hinrich von Hutlen, der durch den Prozess ruiniert war und schon sieben Jahre vorher (1568 Jan. 1) 200 Taler durch Heinrich von Rantzau, dem dafür Farmsen verschrieben worden war, hatte aufnehmen müssen, um die Gerichtskosten zu bestreiten. So klar die Sache für Hutlen zu liegen schien – hatte doch der Bauervogt Jochim Krampe am 23. Februar 1565 auf dem Sterbebette bekannt, dass nur auf sein und der Hamburger Herren Anstiften die Bauernschaft gegen Hutlen aufsässig geworden sei, und hatte Frau und Sohn bewogen, das dem Gutsherrn angetane schwere Unrecht abzubitten und sich ihm völlig zu unterwerfen –, die Gegner fanden immer wieder neue Mittel, das Verfahren hinauszuziehen und eine Entscheidung zu verhindern. Es ging eben Hamburg um weit mehr als sein Dritteil an Farmsen oder um die Jagd, den Wald und die Ziegelei. Das lässt sich mit Sicherheit aus seinem Verhalten gegenüber dem Gutsherrn in Farmsen auch vor dem jetzigen Prozess erkennen. Schon 1531 hatte der Rat von Hamburg Hans Köster in 100 Gulden Brüche genommen, weil er gegen die Stadt, von der er sich in seiner Ziegelei und seiner Waldung schwer geschädigt sah, die richterliche Entscheidung König Friedrichs von Dänemark als *seines holsteinischen Landesherrn* angerufen hatte. Und ebenso sehr hat er nachmals Hinrich von Huttlen es verübelt, dass er mit dem herzoglichen Amtmann von Trittau zu Farmsen wider die aufsässigen Bauern Gericht gehalten, und hat ihm als einem Bürger, der seinen Eid und seine Pflicht verletzt habe, den Schutz und die

Freiheit der Stadt förmlich aufgesagt, d.h. ihn aus ihren Mauern verwiesen. Hamburg hat, natürlich nicht in diesem Prozess, in welchem es gar nicht Kläger war, nicht mehr und nicht weniger erstrebt als seine eigne Gerichtshoheit auf Grund eines Besitzanteils neben oder auch über die landesherrliche zu stellen. Dieses Ziel war auf dem Rechtsweg überhaupt nicht, vielleicht aber dadurch zu erreichen, dass man den Anspruch sich anmaßte und den Gegner solange durch Schikanen bearbeitete, bis er sich fügte; nachdem jener dann den Prozessweg beschritten hatte, zermürbte man ihn durch die materielle Überlegenheit, die man nun einmal vor ihm voraus hatte, bis er sich geschlagen gab.

Das Ziel ist erreicht worden. Am 18. April 1576 haben die vier noch lebenden Schwiegersöhne Hans Kösters, Balthasar Becker, der Rechten Doktor und Holsteinisch Fürstlicher Rat, Ciriacus Schele, Jacob Struw und Johann Moller, in Vormundschaft für ihre Frauen, sowie die Witwe des fünften, Anna von Hutlen, da nach Heinrich von Hutlens Tode dessen Recht am Dorfe Farmsen ihnen wieder heimgefallen sei, sich dahin geeinigt, dass sie zur Abstellung des Prozesses und Beseitigung der darum entstandenen Irrung, das Dorf und Gut Farmsen mit allem Zubehör den Bürgermeistern und dem Rat der Stadt Hamburg für 6000 Mark Lübisch verkauften. Als Grund bekannten sie offen, dass sie doch der Hausleute und Bauern in dem Dorf und Gut zu gebührendem Gehorsam nicht mächtig sein würden und wüssten, „dass die *zertheilte Jurisdiktion mit wolgedachtem erbarn Rhadte* uffs lengste *mit Einhelligkeit nit than exeuciret werden.*"

Mit diesem rein privatrechtlichen Verkauf des Köster-Hutlenschen Besitzes in Farmsen an die Stadt Hamburg war jedoch in den Augen der herzoglichen Regierung in Holstein-Gottorp der Handel keineswegs erledigt. Sie hat auch nach dem Kaufakt vom 18. April 1576 sich als Landesherrin in Farmsen betrachtet und landesherrliche Rechte dort durch ihren Amtmann Paul Rantzau zu Trittau wahrnehmen lassen, der am 8. Oktober 1577 von den Farmsenern den Türkenschatt einforderte Dass er auch auf seine Gerichtshoheit nicht verzichtete, ergibt sich daraus, dass er im Falle der Nichtzahlung mit ernster Bestrafung drohte, wobei er sich als „gebedenden amptmaan" bezeichnete. Es hat noch 15 Jahre lang mühseliger Verhandlungen, auch neuer pekuniärer Opfer bedurft, ehe Hamburg sein Dorf Farmsen unter Dach und Fach hatte.

Der Einblick in diesen Farmsener Handel der letzten Wegestrecke wird uns erschwert nicht nur durch die mangelhafte Überlieferung, sowohl was Zahl als Form der Verträge angeht, sondern fast noch mehr durch den häufigen Personenwechsel im herzoglichen Hause Halstein Gottorp. Nicht weniger als vier Herzöge haben bei der endgültigen Abwicklung des Geschäftes Farmsen ihre Hand im Spiel gehabt, nämlich Herzog Adolf der Vater († 1586 Okt. 1) und seine drei nacheinander ihm folgenden Söhne, Friedrich II († 1587 Juni 15), Philipp († 1590 Okt. 8) und Johann Adolf, der 1616 gestorben ist.

Der Ausgangspunkt ist für uns der Kaufvertrag vom 18. April 1576, durch den Hamburg von den Köster-Hutlen'schen Erben für 6000 Mark Lübisch nicht das ganze Dorf Farmsen, sondern nur den *Anteil* der Verkäufer im Dorf und Gut Farmsen mitsamt Haus, Vorwerk und allen Gebäuden, mit der Hoheit an allen Gerichten über Hals und Hand nebst den Hausleuten und allen Diensten und Hebungen, einschl. der Hölzung erwarb. Von dem Kaufgeld waren 2000 Mark sofort zahlbar, der Rest von 4000 Mark war für die ersten 10 Jahre unablösbar und mit 200 Mark jährlich zu verzinsen, erst nach dieser Zeit mit halbjähriger Frist kündbar. Er wird also sicher noch gestanden haben, als nach bereits vorausgegangenen Verhandlungen zwischen hamburgischen und herzoglich holsteinischen Abgeordneten Herzog Adolf am 8. Dezember 1585 der Stadt Hamburg durch deren Sekretär Tweistrengen einen Vertragsvorschlag übermitteln ließ, der zwei Punkte enthielt, die unmittelbar zwar nichts miteinander zu tun hatten, aber doch in innerem Zusammenhang miteinander standen: der erste, ein weitgehendes hamburgisches Zahlungsangebot von 10 000 Mark Bordesholmisch-Lübischen Geldes sollte den Herzog für eine im hamburgischen Sinne günstige Regelung der zweiten Angelegenheit, eben des Farmsener Handels geneigt stimmen. Der Herzog hatte anscheinend bisher auf einer Wiederabtretung Farmsens bestanden. Die hamburgischen Bemühungen aber zielten, wie aus allen späteren Bekundungen des Rates hervorgeht (1588 Okt. 5, 1588 Dez., 1589 Juni 27), umgekehrt darauf hin, Farmsen, das es billig genug erstanden hatte, zu behalten. Herzog Adolf hat tatsächlich, gewonnen durch das Zahlungsanerbieten der Hamburger aus einem anderen Gebiet, diesen seine Forderung einer Wiederabtretung Farmsens dadurch annehmbarer zu machen gesucht, dass er ihnen die Kaufsumme wieder bot. Die Stadt aber hat sich das Erreichte nicht wieder aus den Händen nehmen lassen.

Schon vor Tweistrengens Botschaft hatten Verhandlungen zwischen herzoglichen und hamburgischen Abgeordneten (1585 Nov. 24) eine Lösung der Farmsener Angelegenheit Versucht, die im Wege der *„Teilung"* und des *„Loses"* vor sich gehen sollte. Dieser Versuch ist jetzt von Tweistrengen wieder in Anregung gebracht und, wie wir eben sahen, vom Herzog mit dem Gegenvorschlag einer Bezahlung Farmsens mit dem von Hamburg dafür erlegten Preis von 6000 Mark Lüb. beantwortet worden. Es hat bisher an einer zureichenden Erklärung der beiden Begriffe „Teilung" und „Los" gefehlt. Was liegt aber näher als hier an den „Anteil" zu denken, den Hamburg von den Köster-Hutlenschen Erben an Farmsen 1576 erworben hatte? Der Umfang dieses Anteils freilich war strittig; weder der zwanzigjährige Prozess noch der Kaufvertrag brachten eine Klärung, ob Hamburg zwei Drittel oder drei Viertel von Farmsen erkauft hatte. Für die Stadt mochte das gleichgültig sein, da sie ja mit dem Kauf des Restteils in den Besitz von ganz Farmsen gelangt war. Nicht so für den Herzog, der eben nur den von Hamburg neuerworbenen Teil zurückkaufen wollte.

Da die Stadt auch jetzt wie schon im ganzen Prozess ihren alten Kaufbrief von 1477 nicht vorweisen konnte, so blieb keine andere Möglichkeit mehr als das Los, um festzustellen, was für einen Teil von Farmsen Hamburg seiner Zeit von Stortekaren übernommen hatte.

Schließlich ist dieser umständliche Weg einer Regelung des Farmsener Handels wieder verlassen worden. Nach Herzog Adolfs Tod am 1. Oktober 1586 hat die rasch wechselnde Regierung seiner Söhne sich mehr und mehr bereit gefunden, Hamburg im Besitz von Farmsen zu belassen und sich selbst mit einem verhältnismäßig geringen Entgelt zu begnügen. Die Gottorper Regierung hat, wir wissen nicht wie, die auf 200 Taler lautende Schuldverschreibung über Farmsen, die Heinrich von Hutlen am 1. Januar 1568 dem Königlichen Stadthalter Heinrich Rantzau zu Wandsbeck übergeben hatte, an sich gebracht. Nunmehr wies Herzog Johann Adolf zu Holstein seinen Trittauer Amtmann Klaus von der Wische an, die Schuldverschreibung gegen den Empfang der 200 Taler dem Rat zu Hamburg auszuhändigen ([15]91 März 24).[16]

Der Hamburger Rat scheint diesem Ersuchen sehr rasch entsprochen zu haben. Denn schon am 24. April 1591 hatte er die Schuldverschreibung Heinrich von Hutlens in Händen und konnte sie vom Dekan und Kapitel der Hamburger Domkirche transsumieren lassen.[17] Damit war Hamburg tatsächlich in *geruhsamen Besitz* des solange umstrittenen Dorfes gelangt, wenn auch *nicht der Landeshoheit,* welche die herzogliche Regierung durch einige Vorbehalte sich auch weiterhin gesichert hatte.

*Berne,* an dem gleichnamigen Bache gelegen, der weiterhin Farmsen durchfließt (vgl. das weiter abwärts gelegene Bernebeck, heute Barmbeck) und sich schließlich, mit der Wandse vereinigt, als Eilbeck in die Alster ergießt, war in mittelalterlicher Zeit nie mehr als ein Meierhof, der von einem Vogt oder Meier verwaltet wurde und dessen großer und kleiner Zehnte schon 1296 käuflich an das Kloster Harvestehude gekommen war.[18]

Im 14. Jahrhundert hat dieser Hof im Wege des Kaufs mehrfach seine Besitzer gewechselt: 1320 waren es die Brüder Heinrich und Lambert Raboysen, 1325 wurden es die Söhne des gräflichen Vogtes Ludolf Wolzeken, Hans und Claus Wolzeken 1375 endlich hat Ritter Johann Hummelsbüttel das Gut an das Georgshospital in Hamburg veräußert, dafür aber dem holsteinischen Landesherrn sein eigenes Dorf Hertogentorp (heute verschollen) als Lehen auftragen müssen. Das Georgshospital hat den Hof 1806 wieder an private Besitzer verkauft, die aber schon 1830 bei der Neuordnung der Hamburger Landgebiete die kraft Patronats geübten Hoheitsrechte der Stadt Hamburg zurückgeben mussten, worauf diese aus topologischen Gründen Berne der Vogtei Farmsen unterstellte und damit der neugeschaffenen Landherrenschaft der Geestlande eingliederte.

Auch für Hansdorf, das 1442 pfandweise von Herzog Adolf VIII. an die Gebrüder Hoyer, durch diese 1444 der Stadt verschrieben

16 Hamburger Staatsarchiv Sign. S.18.

17 Hamburger Staatsarchiv Sign. S.5.

18 Vgl. oben S.12 f und S.25.

worden war, desgleichen für Wohldorf, Volksdorf, Schmalenbek halb Hoisbüttel, die 1437 durch einen holsteinischen Edelmann der Stadt verpfändet worden waren, muss samt und sonders gelten, dass sie *holsteinische Dörfer* blieben; war doch Hamburg um diese Zeit selbst noch unbestritten gräflich holsteinische Stadt, also gar nicht fähig, landesherrliche Rechte zu erwerben. Das wäre nur möglich gewesen durch Vertrag von Landesregierung zu Landesregierung. Hamburg hat nach langem Schwanken (1510–1768) erst durch den bekannten Gottorper Vertrag die Reichsunmittelbarkeit und damit Landeshoheit erlangt. Damals hätte, wenn Hamburg über die f. Z. ihm in Pfand gegebenen holsteinischen Dörfer auch landesherrliche Rechte hätte gewinnen wollen, das nur durch einen zweiten Vertrag mit der bisherigen Landesherrschaft, dem Herzogtum Holstein oder der dänischen Regierung geregelt werden können. Das ist nicht geschehen.

Für Farmsen, das, wie wir eben gesehen haben, durch zwei Teilkäufe, von 1477 und von 1576 aus bürgerlicher Hand in den Besitz der Stadt Hamburg gekommen ist, lag die Sache nicht viel anders. Wenn die Stadt dem Gutsherrn von Farmsen das Bürgerrecht entzogen hatte, weil er mit einer fremden Landesherrschaft zur Abwehr der hamburgischen Ansprüche sich verbunden hatte, so kann das nur auf Grund eigener landesherrlicher Ziele und Wünsche geschehen sein.[19] Gleichwohl hat Hamburg die vom Reiche ihm zugedachte Reichsunmittelbarkeit aus Besorgnis vor den hohen Reichssteuern abgewiesen. Das hat freilich die Stadt nicht gehindert, nur wenige Jahre später auch mit Dänemark zu brechen und ihm die Anerkennung als Landesherrschaft zu versagen.[20] Dies dauernde Schwanken, dem erst der Gottorper Vertrag 1768 ein Ende machte, hat es mitverschuldet, dass Hamburg staatsrechtlich nicht zur Landeshoheit über seine Walddörfer gelangt ist. Daraus ergaben sich dann solch unklare Situationen, wie eine von N. H. Olbers auf Befehl eines hochweisen Rats im Jahre 1753 „nach den Original Charten" verfertigte Karte in ihrer Aufschrift sie widerspiegelt: „Charte von denjenigen sowohl Stadt Hamburgischen als derselben Pfandweise übertragenen *Gros Fürstlich Holsteinischen*

19 Vgl. oben S.44 f.

20 Vgl. H. Reincke, Hamburg 1925 S.32 f., bes. S.34.

*Landereien,* welche *der Jurisdiction des über die Wald und Geest Dorfer verordneten Landherren unterworffen* sind."[21]

Aus den unklaren staatsrechtlichen Verhältnissen erwuchsen weit peinlichere politische Verwicklungen, die mit einem Schlage das Weiterbestehen der „hamburgischen" Walddörfer in Frage stellten. Nachdem nämlich im Jahre 1768 mit dem berühmten Gottorper Vertrag Hamburg durch große, kaum tragbare Opfer seinen Enkeln die Freiheit, nämlich die Unabhängigkeit von der dänischen Krone gewonnen hatte, suchte Dänemark die erlittene Niederlage dadurch wieder wettzumachen, dass es am 14. Juni 1782 mit einer Note, die den Hamburger Rat in die größte Bestürzung versetzen musste, seinen Entschluss zu erkennen gab, den ganzen, Hamburg nur unter der Bedingung des Rückkaufs überlassenen *Wohldorfer Distrikt* unter Angebot des Pfandschillings von 4000 Mark Lübisch wieder einzulösen. Dabei hat man weder in Dänemark gewusst, welche Dörfer dieser Distrikt im Einzelnen in sich begriff, noch hat man in Hamburg im ersten Schrecken beachtet, dass mindestens Hansdorf, Ohlstedt, (Berne), Farmsen in dem Handel nicht gemeint sein konnten. In seiner Verlegenheit wandte sich der Hamburger Rat durch Vermittlung des russischen Gesandten, des Herrn von Groß, der sich ebenso warm für die hamburgischen Interessen einsetzte, wie der dänische Gesandte, Graf Heinrich Karl Schimmelmann, Herr zu Ahrensburg und Wandsbek, sie preiszugeben bereit war, schließlich an die Kaiserin Katharina II., die zwar keine rechtliche Lösung schaffen konnte, dafür aber mit einem Machtwort die dänische Regierung in die Schranken des Gottorper Vertrages wies.

Die Rechtsfrage, nämlich die nach der Landeshoheit Hamburgs über seine Walddörfer, blieb somit ungeklärt und ist es im Grunde noch heute. Das hat niemand treffender ausgesprochen als der auch historisch klar blickende Verfasser der Geschichte der geographischen Vermessungen und der Landkarten Nordalbingiens, der preußische Generalstabshauptmann F. Geerz, der 1859 geschrieben hat:

„Wir glauben … daran erinnern zu müssen, daß sowohl das Hamburger als das Lübecker Landgebiet mit geringen Ausnahmen aus Holsteinischen beziehungsweise Lauenburgischen Dörfern entstanden

21 Im Staatsarchiv Hamburg.

*Das Herrenhaus zu Wohldorf von Westen gesehen (ehemalige Rückseite)*

Lithographie von W. Heuer nach einem Aquarell von Otto Speckter 1840. Im Hintergrund sind die Gebäude des alten Wohldorfer Vorwerks sichtbar.

(Staatsarchiv Hamburg.)

*Die Alte (Korn-)Mühle in Wohldorf,*
*die, seit 1471 vom hamburgischen Staat verpachtet, 1861*
*abgebrannt ist.*

Die Zeichnung stammt von Carl Laeisz aus dem Jahre 1840. Danach der Stahlstich von Gran vom Jahre 1844. Links von der Getreidemühle sieht man die Ölmühle. Beide werden vom Wasser der Aue (Ammerbek), eines Zuflusses der Alster, getrieben.

(Staatsarchiv Hamburg.)

ist. Ueber diese Besitzungen haben sich die Hansestädte, unterstützt durch Geldverlegenheit oder Schwäche der regierenden Herzöge, die Landeshoheit nach und nach angemaßt oder erstritten."

Heute, da wir auf dem Wege der Reichsreform einer Neuordnung der deutschen Ländergrenzen entgegensehen, die weit mehr von wirtschaftlichen Rücksichten und solchen der Stammesverwandtschaft diktiert sein wird als bestimmt durch historisch-politische Gegebenheiten, denen im neuen volksverbundenen Deutschland keine nennenswerte Bedeutung mehr zukommt, werden wir auf die Betonung solcher alten Staatsgrenzen verzichten müssen und verzichten dürfen.

## 5. Hamburg verwaltet seine Walddörfer

### *a) Der Umfang der hamburgischen Walddörfer*

Nachdem die Walddörfer zu den verschiedensten Zeiten und in mannigfaltiger Gestalt an Hamburg gekommen sind (Groß Hansdorf vor 1421, 1435, 1442, 1444; Wohldorf, halb Hoisbüttel, Schmalenbek, Volksdorf, Lottbek und Rokesberg 1437; Ohlstedt 1436; Farmsen 1477 und 1576), so darf es nicht wundernehmen, dass sie, wenn auch vielleicht als Ganzes, doch als Einzelne nicht immer ihren ursprünglichen Umfang und Bestand bewahrt haben. *Berne* hat niemals zur Waldherrschaft gehört, sondern bis zum Jahr 1830 zum St. Georgshospital, dem es Johann Hummelsbüttel 1375 verkauft hatte. Doch hat es auch in diesen 455 Jahren, wenigstens seit der Säkularisation, der Stadt jurisdiktionell unterstanden, wie dies namentlich aus der Grenzbereinigung mit dem Amte Trittau von 1750 Mai ½ sich ergibt, wo die Interessen des Spitals vertreten werden von dem Syndikus Johann Klefeker und den Senatoren Lucas von Spreckelsen, Jorg Jencquel und Hieronymus Heinrich Kentzler sowie dem städtischen Archivar Franz von Som. Wenn bei jener neuen Verwaltungsordnung von 1830 Berne mit den bisherigen Walddörfern zusammengestellt worden ist, so war dafür lediglich seine enge landschaftliche Verbindung mit Farmsen und Volksdorf maßgebend. Aber auch die übrigen, die alten Walddörfer, sind nicht ganz unangefochten durch ihre fünfhundertjährige hamburgische Geschichte hindurch gegangen. Immer aufs neue haben sie durch Grenzbegehungen, durch Abwehr von Grenzirrungen und Übergriffen ihren ursprünglichen Bestand in feierlicher Form bestätigt und gesichert. Ihren äußeren Niederschlag fanden die Grenzbegehungen in Steinen oder Pfählen, die gesetzt und nummeriert oder in Bäumen, die als kurze Bäume, Kreuzbäume, Scheidelbäume, Stubben kenntlich gemacht wurden, seltener in charakteristischen Bodenbildungen wie Rien (Reyen), Holen, Gräben, Becken, Mooren, die aber samt ihren besonderen Benennungen mit der Zeit fast ausnahmslos verschwunden oder unkenntlich geworden sind. Es ist bezeichnend für das schnelle Verschwinden der einheimischen Flurnamen, dass, als der Hamburger Ratsherr Antonius Ehlers 1565 den Hansdorfer Bauern die 1328 urkundlich festgelegten Scheidelinien zwischen Ahrensfelde und Manhagen vorlas, er zur Antwort bekam, „daß die Namen der Scheidung in der langen *Zeit fast verändert*; was aber belangen täte die Bollbrücke, so sey es der Ort, der nun zur Zeit der Manhagen genennet wird." Eine andere Grenzscheidung, die der bekannte Hamburger Syndiskus und Chronist Adam Tratziger bald nach der Erwerbung Farmsens angefertigt und am 9. Sept. 1582 dem Rate zur Genehmigung vorgelegt hat, gibt die Grenzen Farmsens gegenüber Rahlstedt, Oldenfelde, Todendorf, Hinschenfelde, Bramfeld, Berne (Behren oder Baren) mit bemerkenswerten Flurnamen wie Finkenfort, Schieren Böhmen, der Lütke Barenkroch, wieder. Eine Grenzberichtigung, die nach längerem Rechtsstreit vor dem Reichskammergericht, zwischen den Parteien, dem Kläger Peter Rantzau, dem Erbauer von Schloss Ahrensburg, der auch den Hopfenbach und den neuen Teich sw. Woldenhorn angelegt hat, und der Stadt Hamburg, vertreten durch Bürgermeister Erich von der Vechte und Didrich von Eitzen, am 7. September 1592 zu Schmalenbek vorgenommen worden ist, betraf den Manhagen, bei dem die Grenzen von 1328 und 1566 mit dem damals errichteten Schlagbaum anerkannt worden sind, und den Auekamp bei der Kulenwische unweit der Hansdorfer Brücke über die Aue, wo abermals der Hamburger Besitz bestätigt wurde.

Solche Grenzbegehungen und Grenzbereinigungen sind uns namentlich in dem nach 1640 geschriebenen Waldbuch des Wolder

Scheele zahlreich überliefert; sie gehören alle dem Ende des 16. und den ersten Jahrzehnten des 17. Jahrhunderts an. Daneben finden wir dort schätzenswerte Nachrichten über untergegangene Ortschaften wie das schon früher von uns genannte Lottbek: „Bey Hoyersbüttel auf jenseit des Bekes (Bredenbek) ist Lothbeke gelegen und ist ein klein Dorff ehemalß gewesen Lothbeke genandt, so sollen alda 4 oder 5 Häuser gestanden seyn und soll man davon gute Nachricht finden in dem Kirchen Buche zu Bergstädte, als die Haußleute zu Hoyersbüttel berichten, da auch die Nahmen der Leuthe stehen, und was sie der Kirchen gegeben, und soll daß Dorff an der Pest ausgestorben seyn. Solch Lothbecher Feld ist unstreitig der Stadt Hamburg woll kenlich und sein noch die Plätze woll zu sehen, da die Feuerstette gewesen." Dann heißt es weiter, dass der Gutsherr von Hoisbüttel, ein von Buchwald als Nachfolger derer von Heest, seinen Leuten das Lottbeker Feld verheuert habe, es werden auch die Heu-Erträge zum Jahr 1545 genannt, doch wird geklagt, dass keiner der namentlich angeführten Hoisbüttler die Grundhauer, die doch Hamburg gebührte, bezahlt habe.

Bedeutsamer scheint mir eine Nachricht über Volksdorf, die geeignet ist, einen überlieferten topographischen Begriff, der bisher meist als Ortsname gedeutet wurde, in die Reihe der Flurnamen zu verweisen. Es handelt sich um den 1437 zusammen mit Wohldorf, halb Hoisbüttel, Schmalenbek und Volksdorf an letzter Stelle erwähnten Herkenkroch, von dem eine zu Jahr und Tag überlieferte Nachricht besagt: „Ao. 1567 d. 14. Augusti ist der lange Teich, der Harcken Krog genannt, den Volkstörffern zu einer Wische eingethan und durch den Herrn Antonium Elvers verheuret umb 15 Mk. jährliche Haur ... " Und ins der Abrechnung von 1597 heißt es: „De Folckstorper von denn Hardtken Krogen Dich hefft gegeven 15 Mk., de Wile he nhu bestouvet is, gifftt nichtes." Der Herkenkrog ist also kein Dorf, sondern der ehemalige große Teich westlich Volksdorf, ein nutzbares Grundstück westlich Volksdorf gewesen, das kurz vor 1597 zum Teich aufgestaut, später wieder in eine Wiese verwandelt worden ist.[22] Auf diesen einstigen Teich, an dessen Nordseite und dem dort befindlichen

22 Die fälschliche Beziehung eines Flurnamens auf einen angeblichen ehemaligen Ortsnamen gilt wie von Harkenkrog erst recht von Aspersort, vgl. Dibbert-Baalk, S.28.

Abfluss wohl eine Mühle sich befunden haben muss, wenn auch nicht die von Albert Zabel 1320 verkaufte, weisen noch heute Mühlendamm und Mühlenwiese. Eine ähnliche Trockenlegung eines größeren Teiches hat man übrigens mit dem Fie (Viehe, Vieh) an der Südostgrenze des Hansdorfer Gebietes vorgenommen, der noch 1544 und 1551 als Teich vorkommt, und auch in Ohlstedt hat es einen größeren Teich gegeben, den die Bauern schon vor 1640 zu Wiesenland gemacht hatten, das den Namen „de Olde Teich“ festgehalten hat.

### *b) Die Gutswirtschaft*

Aus der Zusammenfassung aller Kräfte entstand, wie schon vorher die ständische Verfassung und der absolute Staat, so in der Grund- und Gerichtsherrschaft das geschlossene Gebiet der Gutswirtschaft. Anfänge davon sahen wir in Farmsen, unter dem Regiment der Familie Köster von Hutlen, noch weiter hinauf reicht in Wohldorf der Beginn der Gutswirtschaft, doch hier ohne patrimoniale Gerichtsbarkeit; dasselbe gilt, nur in bescheidenerem Umfang, von Schmalenbek, wo der Gutsbetrieb zum Jahr 1564 einsetzt, nachdem das Dorf über 200 Jahre wüst gelegen hatte.

„Daß Schmalenbecker Feldt“, sagt unser Bericht, „ist vormahls Leuten gegen geringe Hauer eingethan, wie zu sehen aus dem Buche in der Waldladen Nr.2, bis Ao. 1564 auf Michaelis, da hat Hanß von Minden Woldtorff, welches er geheuret gehabt Ao. 1551, verlaßen müßen und ist ihm damahls von E. E. Rahte vergönnet, wiederumb ein Hauß bey dem Schmalensberger Teiche zu bauen, wozu ihm auch etlich Holtz gegeben worden und weil Claus Barchste zu Arensfelde den bey Schmalenbecker Teiche gelegenen Acker für 26 Schill. jährliche Hauer innegehabt, wie auch Peter Zingelmann einen Kampe umb 12 Schill. jährliche Hauer, so hat E. E. Raht ihnen beydes genommen und Hanß von Minden umb 4 Rthl. 10 Schill. jährliche Hauer wieder eingethan mit der Condition, dass er alle Unpflicht und Hovedienste, Pflugschatz, Rauchhüner und was den Leuten sonst auferleget wird, den Hanßtorffern gleich thun soll · und scheinet also, daß zuvor zu Schmalenbecke niemand gewohnet hat, und besitzet daß Hauß, welches Hanß von Minden damahlß zum Schmalenbecke gebauet, *anitzo Jasper Meyer* mit Condition wie vorgesagt. Schmalenbecke liegt von Hamburg 3 kleine Meil Weges, gehen nach dem Stecke zur Kirchen · Da ist ein Vorwerk nebenst 2 Kötenern · grentzet mit Woldehorn, Rantzowen gehörig, und dem Siecke und hat einen fischreichen großen Teiche · noch sein niederwerts dabey anzurichten 3 Teiche, wan nur ein klein Damm gemacht wird. Die beide Teiche nebst den großen hat Marten Meyer in Nießunge gehabt, aber Herr Caspar Ancke[l]mann hat sie den Erben genommen, gleichwoll zwo kleine Teiche obenwerts den großen Teich Jaspar Meyern angewiesen · hat Eichen- und Buchen Holtz, gute Jagt, liegt in einer Feldt Marckte mit Hanßtorff."[23]

Hier in Schmalenbek fehlte ebenso wie wir es gleich bei Wohldorf sehen werden, dem Inhaber des Betriebes die zum Wesen des Gutherrn gehörende Eigenschaft der Grund- und Gerichtsherrlichkeit. Hans von Minden und nach ihm seine Besitznachfolger von der Familie Meyer unterschieden sich in nichts als dem umfangreichen Besitz von den sogenannten Hausleuten der übrigen Walddörfer. In Farmsen lag bis zur Erwerbung des ganzen Dorfes durch die Stadt

23 Die ganze Stelle ist nicht unwichtig für die Bestimmung der Abfassungszeit des Waldbuches, dem sie entnommen ist und das dem Rats- und Waldherrn Wolder Scheele zugeschrieben wird, Walder Scheele gehörte dem Rat seit 1624 an und ist 1649 gestorbenen, Aber schon unser Archivar O. Beneke hat auf einem unserm Waldbuchtext vorgesetzten Zettel als Zeit seiner Niederschrift das Jahr 1682 vermerkt. Noch etwas weiter herunter führten uns die in unserer Stelle genannten Namen: Martin Meyer, dessen Erben der Ratsherr Caspar Anckelmann den großen Teich genommen hat, mag noch der von Dr. Voigt um 1624 belegte Träger dieses Namens gewesen sein (Schmalenbeker Hof, 1891, Stammbaum II. 2). Aber Jaspar Menen, dem derselbe Ratsherr zwei Teiche anweist und der das Vorwerkhaus „anitzo bewohnet", kann nicht mehr identisch sein mit dem von 1630–1649 häufig vorkommenden Jaspar M. (Stammbaum III. 3), denn unser Ratsherr gehörte dem Senat von 1690–1696 an, der mit ihm gleichzeitige Dietrichs Anckelmann von 1684–1711, als Waldherr 1691. Wir haben also einen. Jaspar Meyer, der von Dr. Voigt übersehen scheint, gegen Ende des 17. Jahrhunderts einzusetzen. Das Waldbuch, dessen erster Verfasser Wolder Scheele gewesen ist, hat in den 80er und 90er Jahren eine neue Bearbeitung und Erweiterung erfahren, der die mitgeteilten Angaben angehören, vgl. besonders fol. 322/323. Damit stimmt, was weiter unten (S.66 Anm. 2) zu erzählen sein wird. Doch vgl. wieder Voigt a.a.O. S.10.

Hamburg die Sache anders, denn dort waren die jeweiligen Besitzer seit Daniel vom Berge (1347) bis zum Jahre 1576 wirkliche Gutsherrn mit allen Rechten der Grund- und Gerichtshoheit, nur dass ihnen dort seit 1477 mit einem vierten Teile am Dorfe die Stadt Hamburg als Partner und Konkurrent zur Seite und gegenüberstand.

Ähnlich wie in Schmalenbek lagen die Dinge in Wohldorf, nur dass hier der Inhaber des Gutes oder Vorwerks ein Pächter war, der auf Grund eines mehrjährigen Kontraktes die selbständige Bewirtschaftung von Wohldorf, zugleich aber das Verfügungsrecht über die Dienstleistungen der Hausleute in allen hamburgischen Walddörfern hatte. Dieses Gut oder Vorwerk Wohldorf ist wohl unmittelbar nach der hamburgischen Erwerbung geschaffen worden unter gleichzeitiger Legung des *Dorfes Wohldorf*, das fortan nur mehr als das „Ole dorp" (südlich der Aue, westlich des Mellenberges) zum bloßen Flurnamen herabsinkt. Wir kennen als früheste Pächter des Gutes Hans von Minden (1551–1564), Hinrich Mehrens (um 1591), seit 1635 Bartholomeus Hinsche, um 1705 Jacob Heitmann.[24] In ihrem Verhältnis zum Gute Wohldorf waren fortan die Bewohner von Farmsen, Hansdorf und Schmalenbek, die wegen der größeren Entfernung von Wohldorf als „reservierte Dörfer" galten, nur in beschränktem Umfang zu Diensten verpflichtet. Wir werden am anschaulichsten über diese Beziehungen unterrichtet, wenn wir den langjährigen Pächter des Gutes und Vorwerks Wohldorf, Christoph Heinrich Borcholt, sprechen lassen. Der war soeben durch ein schweres Feuer um seine gesamte Habe gekommen, als er im Januar 1732 das nachstehende Schreiben an den Rat der Stadt Hamburg richtete:

„An Einen Hoch Edelen und Hochweisen Raaht dieser Staadt Underthäniges Memoriall mein Christoph Heinrich Borcholts wegen möglicher Verbesserung deß Vorwerkes Woldtorff in Anwendung einiger darzu bequehmen Mittell. Mit Anlage eines Endtwurffs sub sig. O. Magnifici. Mit was für unbeschreiblichen Ungemach den von Gottes Verhängniß mir zugeschickten Verlust meiner gesammten Haabseelig-

24 Die übrigen Namen, hier ganz unwesentlich, siehe bei Dr. Ascan W. Lutteroth, das hamburgische Herrenhaus zu Wohldorf, 1925, S.34 f.

keiten durch Einäscherung des zu Woltorff innegehabten Wohnhauses bißher erduldet, solches bin zwar, wegen Menge des daher mich betroffenen Bedrucks, mit der Feder zu exprimiren nicht vermögend; dieses aber muss Ew. Magnificences, Hoch und Wohlweise Herlichkeiten demüthigst zu bekennen nicht länger Anstand nehmen, daß der fernere Aufschub an Remedirung des zu Woltorff erlittenen Brandschadens wirklich Hand zu legen, de[m] Werke zu solchen Nachtheile gereichet, daß wegen Mangel des benöthigten Obdaches für mich und meine Leute, fast zu nichts gelangen kan, was zur Aufnahme des Vorwerks unentbehrlich nöthig währe. Wann nun meine größeste Sorge seyn laße, auf Mittel zu gedencken, wie dem Vorwerke könne(n) geholfen werden, *ohne dehm Publico einige Unkosten*[25] dieser wegen zu veruhrsachen, so bin auf die Gedancken gerathen, alle zu Etablirung des Guthes erfordernde Last und baare Verwendungen auf mich zu nehmen und durch Länge der Zeit und unermüdeten Fleiß in Haushalten meinen Regres wieder bestmöglichst nachzusuchen; zu welche[m] Ende mich gehorsamst anerbiete, nicht nur 1) *ein neues Wohnhaus* aufzubauen, sondern daneben zu der bereits von mir angelegten Kuhmilcherei 2) *ein Holländer Hauß* hinzusetzen, 3) *ein Kuhraum,* 4) *ein Korn Spieker,* 5) *ein Wagen Schauer und noch andere* Gebäude mehr solcher Gestalt *aus dem Meinigen* zu errichten, dass dem Publico daher nicht die geringste Geldausgabe anware, *darneben* 6) *Woltorff durch* meine meliorationes nach Ablauf *hinlänglicher Jahre* in den Stand zu setzen, daß es der Cammer anstat jetziger *eintausend Mark* , sodan ohnefehlbahr alljährlich *viertausend Mark Pension abtragen* kan. Da nun daß Publicum zu völliger Aufbauung des Vorwerks und Erlangung ganz importanter Revenues nicht weiter hinfüro beyträget, und ich zur Gewißheit des Erfolges erstbenandte[r] importanten Pachthebung suffisante Sicherheit anzuweisen mich erbiete, so werden Ew. Magnificences ... desto eher geruhen, die *Conditiones* höchstgeneigt zu accordiren, unter welchen mein Anerbieten möchlich zu machen stehet, welches folgende Bewandniß hat, *daß nemlich* 1) mir soviele Jahre mein Pachtcontract prolongiret wird, wie dazu erfordert werden,

25 Die in diesem Schreiben gesperrt gedruckten Stellen sind im eigenhändigen Text Borcholt's von diesem unterstrichen.

die Sache außzuführen, wozu noch eine Erweiterung *von zwantzig Jahren genug sein mögte,* inmaßen zu Festsetzung erhebliche[r] Revenues eines Guthes das nothwendigste Requisitum ist, die Einrichtung deßelben viele Jahre in NB. *eines Menschen* Hände zu laßen; sonsten derjenige, so de[m] Anfänger eines guten Werkes succediret, Thor und Thüre zu der Gelegenheit offen findet, *alles wieder zu destruiren* und sodan den abermahligen Verfall der Güther nicht seiner eigenen bösen Haußhaltung, sondern dem Betragen des vorigen Besitzers muhtwillig zuzuschreiben, aus welchem Fundament dann auch wohl hohe Obrigkeit rühmlichst bewogen worden, *die neulich geschehene Verpachtung des Terrains zu Hanstorff dem Pächter auf eine Zeit von 50 Jahren einzuräumen,* weil ohne langen Besitz eines uncultiv[i]rthen Guhtes, es *eine wahre Unmöglichkeit* ist, alle deßen Revenues der Herschafft zum Genuß zu bringen, 2) *würde mir die grace zugestanden,* die einem jeden Bauren, der unter eine[m] Herrn zu bauen willens ist, gerne von aller Obrigkeit eingeräumt wird, *dasjenige Bauholtz* aus dem Revier der Herschaft sich Von der Obrigkeit anweisen zu laßen, was zur Aufführung derer Gebäude etwan erfordert werden mögte; 3) *währen genugsame Hofedienste dem Vorwerke beyzulegen,* damit es die Gestalt gewinnen könne, die andere Güther haben, aus welchen der Guhts Herr das Seinige zu genießen willens ist. Unter diesen allen nun ist nicht daß Geringste befindlich, welche[s] d[er] Stadt auf einige Ahrt und Weise beschwerlich fallen könne *und obgleich der Punct wegen der Höfedienste* daß Ansehen einer kleinen Schwierigkeit mit sich führen mögte, so wünsche nichts als die Erlaubniß, mich darüber weitläuffiger erklähren zu dürven, wie *in Beylage des Entwurffs sub signo O geschehen,* als dan die Möglichkeit dieser Sache leicht handgreiflich werden wird. Ew. Magnific[ence]s ... laßen demnach diese meine euserste Vorstellung, aus welcher dem Publico gewiß lautere sichere Vortheile erwachsen, nicht länger ohne huldreiche Erhörung, für welcher hohen Güte die gantze Zeit meines Lebens anwenden werde, immer mehr und mehr zu seyn

*21. Jan. 1732.*

*Ew. Magnificences ...*
*unterthanig gehorsahmster Knecht C. H. Borcholt.*

In dem anschließenden Entwurf setzt Borcholt sich mit der Frage der Hofdienste auseinander: Die Untertanen der sechs hamburgischen Walddörfer seien zu ungemessenen Hofdiensten (Arbeit zu jeder Zeit, jeder Art und jeden Ortes nach Befehl der Obrigkeit) verpflichtet. Das was sie bisher getan (Unterhaltung der Schleusen, Arbeit an den Alsterdämmen und bei den Mühlen, Fahren der Obrigkeit in Wohldorf und dem übrigen städtischen Gebiet) decke sich nicht entfernt mit dieser Pflicht. Wenn die Obrigkeit die ungemessenen Dienste in gemessene an gewissen Tagen, also die täglichen in wöchentlich einmalige gewandelt habe, so sei das eine Gnade gewesen. Weiter macht er klar, wie unendlich viel besser sie gestellt seien denn Leibeigene, die mit Weib und Kind Tausch- und Kaufobjekt ihres Herrn seien, nicht nach Belieben heiraten oder ihre Kinder nach ihrer Wahl ein Handwerk lernen lassen könnten, dagegen vom Aufgang bis zum Untergang der Sonne zu Hand- und Spanndiensten auf dem Hofe erscheinen müssten. Besäßen doch die hamburgischen Hausleute Haus, Vieh und Gefährt zu eigen; nur Acker, Wiesen und Weichholz gehörten dem Grundherrn, dürften also nicht von den Besitzern, die keine Eigentümer seien, veräußert, verpfändet oder in einen Konkurs einbezogen werden. Mit alledem aber würden sie noch lange nicht leibeigen, ständen sich jedenfalls viel besser als die Bauern im Lüneburgischen, Brandenburgischen, Lauenburgischen und in Sachsen. Die Leibeigenschaft herrsche nur in Holstein [im Herzogtum], Mecklenburg und Pommern; kein einziger Landesherr habe Leibeigene, nur die Edelleute [Gutsherren] hätten solche. Die hamburgischen Bauern brauchten also, solange sie hamburgisch blieben, nicht zu befürchten, dass sie leibeigen werden könnten. Obendrein hätten sie gegen etwaige Ungerechtigkeiten das Recht der Beschwerde [an den Waldherrn]. Trotz alledem hörten sie nicht auf, jede wohlgemeinte Neuerung als seine unerhörte Sache abzulehnen, und wüssten, wenn etwas zur Besserung ihrer Lage unternommen würde, nichts anderes zu tun als aus vollem Halse zu schreien, dass man sie leibeigen machen wolle. Ihr Grundsatz sei eben, immer gegen die Obrigkeit alles klein und verächtlich zu machen. Dann schließt er mit einem nochmaligen starken Appell an die Herren vom Rat, doch lieber durch Anwendung der vorgeschlagenen kräftigen Mittel die Einkünfte der Kämmerei wesentlich zu erhöhen als die nichts steuernden und das Land umsonst innehabenden Bauern in ihrer widerrechtlichen Faulheit zu lassen, was der gelehrte Mann mit einem Worte Sallusts unterstreicht.

Vier Jahre später macht der unermüdliche Borcholt eine neue Eingabe, mit der er eine starke Vermehrung des anbaufähigen Landes bezweckt.

Am 26. Juni 1736 schreibt er aus Wohldorf: „Anno 1736 mense Maji ist bey Woltorff an Saat-Land vorhanden:

| | | | |
|---|---|---|---|
| 1. Die Hoff-Koppel, nahe an Duvenstedt, hält | | 4 | Scheffel |
| 2. Das Mühlen-Land, linker Hand des Wulcksfelder Weges | | 7 | " |
| 3. Das Mühlen-Land, rechter Hand d. Wulcksfelder Weges | | 32 | " |
| 4. Die Sand-Reyhe | | 9 | " |
| 5. Hinter den Tieffen-Bruch | | 6 | " |
| 6. Die Schäffer-Koppel | | 4 | " |
| 7. Der Schäffer-Kamp | | 4 | " |
| 8. Der Radels-Krug | | 36 | " |
| | Sa. | 102 | Scheffel |

Aus diesen 102 Scheffeln Saat-Land, so oben specificirte Pertinentien von num: 1 biß num: 8 in sich halten, müssen 4 Schläge gemacht werden; und ist zu dem Ende auch bereits alle dieses Land rund herum mit einem gedoppelten Graben umzogen und mit einer lebendigen Hecke besetzet worden. Mangelt also an völliger Regulirung dieser Schläge nichts mehr, alß daß jeder Schlag wiederum inwendig nach seiner ihm gebührenden Maaße von 40 Scheffeln Einsaat ordentlich abgegraben werde. Wann nun aber aus denen bereits cultivirten 102 Scheffeln Saat-Land, keine 4 Schläge zu 40 Scheffeln herauskommen; so erfordert die unumgängliche Nothwendigkeit, dass diesem höchst schädlichen Hindernisse abgeholffen werde, oder kein menschlicher Witz ist vermögend, aus Woltorff ein Vorwerk zu etabliren, das regulair heißen und seine Revenues dem Publico abtragen kann. Zu dieser unentbehrlichen Nothwendigkeit dennoch zu gelangen, muß das zwischen diesen Saat-Feldern unförmlich stehende alte Holtz und alle Brüche abgeräumt werden; alsdann die auf diese Art zur Cultur gebrachte Pertinentien so viel Raum hergeben, dass die gesuchte[n] Saat-Schläge à 40 Scheffel jeden Schlag gerechnet, völlig herauskommen, wie folgende Specification deutlich darthun wird:

| | | |
|---|---|---|
| a) Die Abräumung der schlechten Bäume und Buschwerk auf der Hoff-Koppel vor Duvenstedt kann annoch an Saat-Land austhun | 1 | Scheffel |
| b) Hinter dem Tieffen Bruch wird noch ausgebrochen | 2 | " |
| c) Der Tieffe-Bruch hält selber in sich | 40 | " |
| d) Die Horst hält in sich | 29 | " |
| e) Der Remel zwischen dem Filters Bruch und Radels-Krug | 3 | " |
| der zu cultivirenden Brücher und Holtz-Revieren Sa. | 75 | Scheffel |

Diese für jetzt in alten Holtz und tieffen Brüchern bestehenden 75 Scheffel Einfall, zu denen oben von num: 1 bis num: 8 specificirten 102 Scheffeln Saat-Land hinzugethan, kommt eine Summa von 177 Scheffeln Saat-Land heraus. Wann nun diese 177 Scheffel Saat-Land in 4 egale Schläge eintheile, so hält jeder Schlag 44 ¼ Scheffel, welches eben die rechte Maaße ist, wenn mann als ein guter Hauswirth festesetzen will, daß in jedem Schlage 40 Scheffel einfallen sollen … "

Nachdem Borcholt die beabsichtigte Urbarmachung noch durch den Hinweis auf die Wertlosigkeit des alten Holzes und auch die Notwendigkeit der Beseitigung der sumpfigen Flächen (Brüche) als den einzigen Weg, Wohldorf in guten Zustand zu bringen, nachdrücklich empfohlen hat, bringt er als zweites in Kultur zu nehmendes Gebiet den sogenannten Ellerhorn in Vorschlag, aus dem er unter Hinzunahme weiteren ungenutzten Geländes (zusammen 246 Scheffel) nicht weniger als 6 Schläge herauszuholen hofft, und bittet um beschleunigte Inangriffnahme dieser Bodenreform.

Was im Einzelnen von Borcholts großzügigen Reformplänen zur Ausführung gekommen ist, entzieht sich unserer Kenntnis. Wir wissen nur, dass der von den uneigennützigsten Beweggründen geleitete Mann, nachdem er sein ganzes Vermögen zugesetzt hatte, schließlich seinen Pachtvertrag lösen und froh sein musste, dass die Stadt Hamburg ihm zur Schadloshaltung eine mäßige Abfindung bewilligte. Nach mehreren Zwischenbesitzern hat der Verwalter des letzten von ihnen, Jacob Küseler, 1768 das Gut Wohldorf erst in Zeitpacht, seit 1777 im Zusammenhang mit der Verkoppelung in Erbpacht übernommen. Wir besitzen die (undatierte, aber zum Jahre 1777 gehörige) Ausschreibung der Kämmerei zur Vergebung des Vorwerks Wohldorf in Erbpacht. Sie zählt an damals vorhandenen Gebäuden auf: „Ein Wohnhaus mit bequemen genugsamen Zimmer[n]. Ein großer Vieh-Stall. Eine geräumliche Korn-Scheune mit 2 Kellern darunter. Ein Pferde-Stall. Ein Schaaf-Stall und ein Gebäude zu Schwein-Koven. Die Wohnung für den Verwalter und für den Gärtner nebst dabey gelegenen Stall-Raum. Die Holländerey. Eine Korn-Mühle mit dem Wohn-Hause und ein zur Brau- und Brennerey, mit dazu benöthigten Kesseln, eingerichtetes Gebäude. An Gärten: Ein Lust-Garten neben dem Wohnhause und ein großer Baum-Garten an der andern Seite". Die jährliche Pachtsumme betrug, nach Erlegung einer Barzahlung von 10 000 Mk. Hamb. Cour., 3000 Mk. Am 14. August 1807 hat Küseler schließlich das Gut gekauft. Dabei blieb die staatsrechtliche Stellung gegenüber Hamburg ausdrücklich gewahrt, indem der Käufer sich zur Zahlung eines Jahreskanons von 850 Mark und zur jährlichen Leistung der einem Hufner zukommenden Kontribution von 50 Mk. verpflichten musste.

### c) *Nutzung, Leibeigenschaft, Verkoppelung*

Die früheste Verwaltungsgemeinschaft, in der die hamburgisch gewordenen Walddörfer in den Rechnungsbüchern der Kämmerei uns begegnen, heißt ganz schlicht: Woltorpe et Hanstorp.[26] Dass Volksdorf und Hoisbüttel in dieser Einheit einfach mit aufgehen, ist befremdlich. Schmalenbek war damals noch unbewohnt, Ohlstedt ist erst 1463 hinzuerworben worden. Die augenfällige Bevorzugung verdanken Wohldorf und Hansdorf ihrem Waldreichtum, der Lage zur Alster und ihrer Stellung als Außenposten. Sie waren es auch, die die

26 Über die Bezeichnungen „Herrschaft Wohldorf" vgl. oben S.26 f, und S.84, „Amt Wohldorf" vgl. unten S.83 f., „Distrikt Wohldorf", einen ganz willkürlichen Begriff, S.51.

reichsten Einnahmen brachten. Daher dort auch die beiden ständigen Außenbeamten, der Waldvogt und der Waldreiter, ihren Sitz nahmen.

Im Jahre 1450 zum ersten Male erscheint Wohldorf mit einer Einnahme von 220 Pfund 10 Schill., beide Dörfer, Wohldorf und Hansdorf, mit einer gemeinsamen Ausgabe von 38 Pfund 12 Schill. Seit 1460 aber bilden die recepta de Woltorp et Hanstorp (Einnahmen) und die exposita ad usum Woltorp et Hanstorp (Ausgaben), alljährlich mit großer Regelmäßigkeit wiederkehrende Rechnungsposten. Da erfahren wir denn, dass die Eingänge in der Hauptsache sich zusammensetzen aus Abgaben von der Wohldorfer Kornmühle, die bevorrechtet ist durch den für Hansdorf und Schmalenbek dahin bestehenden Mühlenzwang, aus der Grundhauer und den Pachtgeldern für wüstliegendes, in Pflege gegebenes Land, aus der Roggenhauer, dem Weidegeld, dem Ertrag des Graslandes, aus Brüchen und Bußen (Gerichtsstrafen), aus dem oft sehr erheblichen Überschuss des auf Prahmen alsterabwärts zur Stadt beförderten Brennholzes, aus dem Erlös des zum Kohlenbrennen gebrauchten Holzes u.a. m. Auf der anderen Seite stehen die städtischen Aufwendungen für Neubauten und Ausbesserungen, die notwendig wurden insbesondere für das Herrenhaus, für die Mühle und die Schleusenanlagen, ferner die Ausgaben für die Herstellung und Erneuerung von Deichen, Brücken, Fischteichen, für die Gehälter des Waldvogts, des Waldreiters und Jägers.

In den Jahren 1461–1481, also in 21 Jahren, stellen sich die Gesamteinnahmen von Wohldorf und Hansdorf auf 4104 Pfund 4 Schill., im Jahresdurchschnitt auf 195 Pfund 8 Schill. 9 Pf. Im gleichen Zeitraum belaufen sich die Ausgaben für beide Orte auf 1843 Pfund 5 Schill. 4 Pf., im Jahresmittel 89 Pfund 15 Schill. 6 Pf. Das gibt einen Überschuss oder Geschäftsgewinn von 2260 Pfund 19 Schill. 8 Pf. in 21 Jahren oder 107 Pfund 13 Schill. 3 Pf. in einem Jahr. Aus den Abrechnungen, welche die Waldvögte seit jenen frühen Tagen alljährlich zu Kathedra Petri, den 22. Februar, bei der Stadtkämmerei einreichen, erhalten wir ein anschauliches Bild von der steigenden materiellen Ausnutzung der Walddörfer durch ihre städtischen Grundherren, sehen vor allem aber auch, welche Wirtschaftszweige den größten Gewinn abwerfen.

Ich gebe zum Vergleich mit den schon mitgeteilten Zahlen aus dem 15. Jahrhundert solche des 18. Jahrhunderts und greife die Jahre

1734 und 1735 heraus. Da haben wir z.B. in dem einen Jahr 1734 eine Bruttoeinnahme von 2412 Mark 8 Schill., die sich zusammensetzen aus 496 Mark Grundhauer, 887 Mark Mastgeld, 967 Mark 8 Schill. Zollgeld von den Holzschiffen und kaum 60 Mark für Copulations-, Abzugs- und Strafgelder. Dem steht gegenüber eine Gesamtausgabe von 1395 Mark ½ Schill., wovon allein an Gehältern je 300 Mark auf den Waldvogt Fobrian und den Waldreiter, 150 Mark auf den Jäger und 73 Mark auf zusammen neun Schleusenmeister von Fuhlsbüttel bis Stegen entfallen, ein Betrag, der schon aus dem engeren Rahmen des Walddörferhaushalts heraustritt. Dasselbe gilt für die 44 Mark, die für den an den Herrn von Buchwald auf Jersbek und Borstel jährlich pflichtigen Lachs aufgewendet werden; die Stadt ist ihm verbunden für die Benutzung der Erde von seinen Gütern zur Herstellung der Schleusendämme. Die beiden Pastoren in Bergstedt und Siek dürfen für ihre kirchliche Betreuung der oberen Walddörfergemeinden je 9 Mark beanspruchen, die sie sich aber in dänischen Kronen auszahlen lassen. Dass der Pastor zu Rahlstedt, der Farmsen geistlich versorgte, mit Geld abgefunden wurde, erfahren wir hier nicht. Doch berichtet uns das Walddörferprotokoll noch zum Jahre 1743, dass die Entschädigung dorthin durch Naturallieferungen in Hafer, Roggen, Eiern, Brot, Hanf, außerdem durch Arbeitslöhne in Schillingen erfolgt.

Daneben laufen eine Menge kleinerer Sonderausgaben, wie für die Fahrten der Waldherren nach Wohldorf, für das Personal daselbst (den Schließer, die Schüsselwäscherin, den Feuerbötter u.a.), für Küchengeschirr, für Arbeitsleute und Anpflanzungen Jedenfalls kann eine Reineinnahme von 1017 Mark 7 ½ Schill. an die Kämmerei abgeführt werden. Im nächsten Jahre (1735) ist die Einnahme bei gleichbleibendem Grundhauerertrag, aber 1975 Mark Mastgeld, schon 3567 Mark ½ Schill., die Ausgabe dagegen etwas geringer als 1734, nämlich nur 1356 Mark 11 Schill. Es verbleibt somit ein Überschuss von 2210 Mark 5 ½ Schill., d.h. fast ebenso viel als 260 Jahre früher in vollen zwei Jahrzehnten erzielt worden war.

Dabei sind die großen Mehrerträge nicht aus der eigentlichen Gutswirtschaft, auch nicht aus der fast immer gleich bleibenden Grundhauer und den übrigen regelmäßigen Leistungen der Untertanen herausgeholt worden, sondern in der Hauptsache aus zwei Betrieben, die von keinem Untertanenverhältnis sich herleiteten, der Schweinemast und dem Zoll von den Holzschiffen. Der Bau von Schleusen auf der Alster muss daher frühzeitig begonnen worden sein. Das Interesse daran wurde verstärkt durch die seit 1465 einsetzende Zufuhr von Segeberger Kalk auf dem Wasserweg. Aber schon 1461 erreicht die Zahl der Schiffsladungen, die Brennholz von Wohldorf nach Hamburg brachten, 100, und in den ersten Jahrzehnten des 16. Jahrhunderts waren die aus dem Verkauf dieses Holzes erzielten Überschüsse die bedeutendste städtische Einnahme aus den Walddörfern.

Das mag ein neuer Beleg sein dafür, dass die Steigerung der Einnahmen aus den Walddörfern nicht durch vermehrte Anspannung der Untertanen, namentlich durch Ausnutzung der Leibeigenschaft, erzwungen wurde. Wenn schon der Wohldorfer Pächter Borcholt im Jahre 1732 die Klagen der Bauern, dass sie leibeigen seien oder dazu gemacht werden sollten, durch den Hinweis auf ihre tatsächlichen Leistungen und durch den Vergleich mit den Zuständen in den holsteinischen Dörfern sowie denen der weiteren Nachbarschaft entkräften konnte, so wissen wir aus einer Menge von Zeugnissen, wie milde die Waldherren die Hausleute in den Walddörfern behandelten, wie gleichgültig diese sich meist gegenüber den obrigkeitlichen Anordnungen trotz der Androhung unnachsichtig schwerer Ahndung bei Nichtbefolgung verhielten und selbst bei verwirkter Strafe noch auf die Nachsicht der Waldherren rechneten. Es ist kein einziger Fall derart, wie er im benachbarten Holstein oft genug vorkam, bekannt, dass ein hamburgischer Untertan sich dem grundherrlichen Joch durch die Flucht entzogen hätte. So mochte wohl der Junker Jasper von Bockwold (Buchwald) auf Borstel den Hamburger Holzhändler Make Langeheine als angeblichen Leibeigenen seines Gutes 1557 auf der Alster gefangen nehmen, und Detlef Rantzau wagte sogar, den Claus Hütscher als zu Wulfsdorf gehörig, 1719 in Hoisbüttel aufzuheben; von Hamburg kennen wir solche Verfolgungsmaßnahmen nicht. Tatsächlich konnte in den hamburgischen Walddörfern von einer Leibeigenschaft nicht die Rede sein, sondern höchstens von einer gewissen rechtlichen Gebundenheit, die eine Veräußerung von Grund und Boden von der Genehmigung des Waldherrn abhängig machte.

Nur in diesem Zusammenhang werden die Vorgänge verständlich, die wir nachher bei der Verkoppelung und bei der Bauernbefreiung in unseren Walddörfern erleben. Es war im Jahr 1777, dass die Stadt Hamburg nach langwierigen Vorbereitungen den großen Schritt tun konnte, die bisher weit auseinanderliegenden Gewannstreifen der Ackerflur jedes einzelnen Besitzers zusammenzulegen, sodass die Bauernhöfe, jeder für sich, ihre geschlossene Feldflur erhielten. Das brachte die gewaltige Verbesserung mit sich, dass Staatsgrund, wozu in erster Linie der Wald gehörte, scharf getrennt wurde vom Gemeindeland. Das Gemeindeland als solches aber hörte auf, indem es den einzelnen Besitzern zugewiesen wurde, doch so, dass diese aus Nutznießern, die sie bisher gewesen, zu Eigentümern wurden. So gewannen beide Teile, die Untertanen durch Erwerbung lebensfähigen Besitzes, der Staat durch erhöhte Zinsleistungen von dem vergrößerten Privatbesitz und durch alleinige ungestörte Ausnutzung der Waldungen. Damals war es auch, dass das Zeitpachtverhältnis in Wohldorf, wie wir schon sahen, in Erbpacht umgewandelt worden ist.

Zur Verkoppelung und Aufhebung der Gemeinheit kam als Drittes die persönliche Befreiung, die schon darum in den hamburgischen Walddörfern nicht so stark empfunden werden konnte wie anderwärts, weil es hier eine Leibeigenschaft oder Hörigkeit im eigentlichen Sinne nie gegeben hatte, die Untertanen vielmehr immer sicher waren, bei dem Waldherrn Schutz gegen etwaige Ungerechtigkeiten des Gutsherrn, des Gutspächters, des Waldvogts oder des Bauernvogts zu finden. Von dieser Gunst haben sie nicht selten, in dem uns schon bekannten Fall Hutlen in Farmsen bis zur schreienden Verunrechtung des Gutsherrn, Gebrauch gemacht. Als ein unerträgliches Joch können die Hamburger Untertanen jedenfalls ihr Abhängigkeitsverhältnis nicht aufgefasst haben, denn als im Jahre 1803 das halbe Dorf Hoisbüttel aus hamburgischer in holsteinisch-dänische Landeshoheit übergeführt werden sollte, da stieß der mit der Bekanntgabe betraute Senator Hudtwalcker auf solchen Unmut und Widerwillen, dass er nicht wagte, seinen Auftrag auszuführen, aus Furcht, die Hoisbüttler möchten sich durch Widersetzlichkeit schwere Strafe vonseiten ihrer neuen dänischen Herren zuziehen.

Und weniger noch als die anderen auf dem Gute Wohldorf dienstpflichtigen Walddörfer hatte Hansdorf unter der Hörigkeit zu leiden, einmal weil es wie ja allerdings auch Volksdorf und Schmalenbek einen eigenen Herrenhof nie gekannt hat, und ferner weil es mit Schmalenbek und Farmsen, die alle drei als reservierte Dörfer galten, von den Hofdiensten in Wohldorf nur schwach betroffen war.

### *d) Waldvogt, Waldreiter und Wald*

Man darf aus den oben mitgeteilten hohen Holzerträgnissen beileibe nicht schließen, dass Hamburg in seinen schönen Waldungen zwischen Alster, Wandse und Hansdorf-Wohldorfer Aue etwas wie eine planmäßige Forstwirtschaft betrieben hätte. Das Gegenteil war der Fall. Was in den ausgedehnten Holzbeständen, die besonders an Eichen und Buchen reich waren, unter den Augen, ja der Mitwirkung der dazu bestellten Beamten geschah, war nichts anderes als Raubbau und Verheerung. Der Mann, den man seit Beginn der hamburgischen Verwaltung mit der Obhut über Wald und Wild betraut hatte, hieß der Waldvogt und war bis ins 17. Jahrhundert regelmäßig aus den Reitenden Dienern des Hamburger Rates hervorgegangen. Ein augenscheinlicher Beleg ist der Waldvogt Hinrich Harmes (1567), der noch 1566 unter den reitenden hamburgischen Dienern vorkommt. Das Amt hat er gekauft, ohne dass seine Auftraggeber oder er selbst forstmännische Aufgaben und Pflichten damit verbunden hätten. In erster Linie fühlt er wie alle seine Vorgänger sich wohl als Jäger. Daneben hat er polizeiliche Funktionen. Er ist beritten, muss Diebe und flüchtige Gefangene festnehmen. In solcher Betätigung lernen wir zu frühest die Waldvögte Bertold (1479–1481) und Heinrich (1481–1484) kennen.

„Ludekinus venator (Jäger) tom Hanistorpe et Woltorpe“ erhält 1483 zwei Pfund acht Schillinge Kleidergeld. 1486 lässt sich der Barbier vier Pfund sechzehn Schillinge aus der Staatskasse zahlen dafür, dass er die Wunden des „Ludken Woldfaget“ geheilt hat, und schon im nächsten Jahr erhebt „Ludke Jeger“ ein Pfund vier Schillinge als Schadenersatz und einen sehr ansehnlichen Betrag für ein neues Amtsgewand als „Ludkinus woldfaget“. Dann ist es wieder und wieder Ludken Jeger, der neben vielen kleineren Posten sein Jahresgehalt von 19 Pfund vier Schillingen bezieht. Aber obgleich diese Ausgaben immer unter „Woltorp et Hanstorp" stehen, scheint er seine Wohnung doch nicht draußen, sondern näher der Stadt „tom Lubeschen [bome]", genommen zu haben, und zwar in einem der Stadt gehörigen neuerbauten Hause, das nach seinem Tode wieder an die Stadt fallen sollte (1491). Er lebt indessen noch lange (bis 1517) mit seinem regelmäßigen Jahresbezug, außer welchem er auch noch ein Pferd geliefert und die Pacht erlassen bekommt (1494, 1517), weil er sich in Wohldorf ein neues Haus gebaut hat.

Wie wenig scharf die Berufsaufgabe unseres Waldvogts umschrieben war, erhellt vor allem daraus, dass er mehr als einmal mit dem später ihm bei- oder untergeordneten Waldreiter gleichgesetzt wird. Die Titel scheinen so wenig unverrückbar gewesen zu sein als ihre Obliegenheiten. Denn gelegentlich heißen beide unterschiedslos eben sowohl Waldvögte als Holzvögte. So wenigstens stehen sie den Zeugen im Hutlenprozess (1561 Mai 22) vor Augen, ein Eindruck, der entstehen und sich verstärken muss, als beide, Heinrich Jeger und Jobst Tilman, hoch zu Ross dahersprengend, die verängstigten Leute des Heinrich von Hutlen vor sich herjagen, in Ausübung der Forstpolizei. Zu solchem Dienst hatten sie auch sonst übergenug Gelegenheit und Veranlassung, denn die Holzdiebstähle waren an der Tagesordnung und wurden bisweilen bandenmäßig von ganzen Dorfschaften verübt. Anschaulich erzählt das wieder Wolder Scheele in unserem Waldbuch zum Jahr 1566, als er eine Grenzregelung zwischen der Stadt Hamburg und dem Abt von Reinfeld behandelt, die das „Manhagens Moor" zwischen den Feldmarken von Hansdorf und Ahrensfelde betrifft: „Es hat sich aber diese Irrung dahero verursachet, dass der Raht einen unträuen Wald Voigt gehabt nahmen Hinrich Jeger und zu Hanßtorff wohnend, der beyde, Jeger und Voigt gewesen · derselbige hat pflegen, wan er daselbß gejaget, bey dehnen von Ahrensfelde sein Ablager zu haben, und dieweil der Voigd dasmahlen in des Abts Güter Jagt gehabt hat, soll er sich alda mit dem ungerechten Mammon Freunde gemacht und den Ahrensfeldern erlaubet haben, daß sie auf vorgenandte Ahrt daß Unterholtz hauwen und davon Kohle brennen · und dieweil man allda keine Aufsicht mehr gehabt, so ist soweit

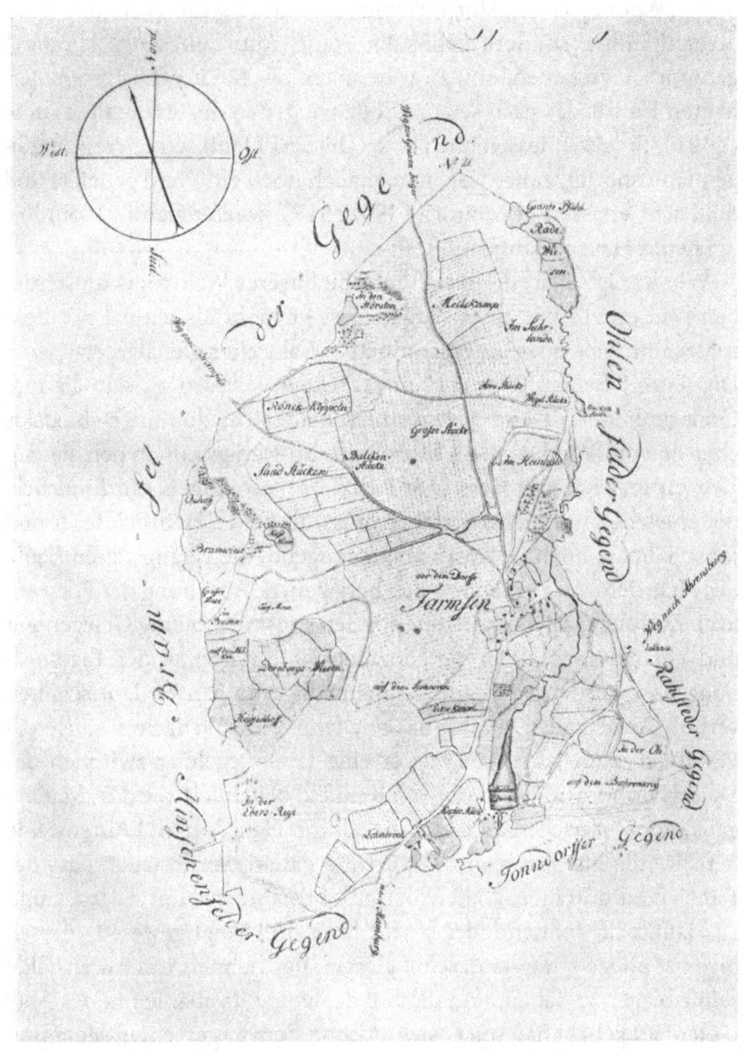


*Karte von Farmsen 1786 von H. Reinke*

(Staatsarchiv Hamburg)

*Die alte Schmiede in Wohldorf, Duvenstedter Triftweg*

mit Laube für den Schmiedebetrieb; schlichter Nutzbau um 1780 in Stormarner Bauweise

Lichtbild des Denkmalschutzamtes Hamburg; 1933 aufgenommen

gekommen, dass es nicht allein bey dem Unterholtz geblieben, sondern man hat auch Eichen Zimmerholtz, davon sie Häuser gebauet, daraus gehauen, wie die Leute selber berichten · endlich aber wie Herr Antonius Ehlers der ältiste Wald Herr geworden (im Rat 1558 bis 1573, wo er gestorben, 1562 Waldherr), hat derselbe solange nachgeforschet, daß er die rechte Wahrheit hiervon erfahren ... " Übrigens sind derartige amtliche Unterschleife und Unredlichkeiten später noch in größerem Ausmaße vorgekommen. Da finden wir gegen Ende des 17. Jahrhunderts den Müller Jasper Meyer und den Vogt Martin Meyer, den Waldvogt Fobrian, ja sogar den Waldherrn Röver in einen ärgerlichen Handel verstrickt, bei dem mit Bestechung gearbeitet worden war. Die Missetäter sind alle derb gerupft worden, der Waldherr, der den Waldhammer[27] aus der Hand gegeben, wurde 10 Jahre von seinem Amte suspendiert.[28]

Die Mannigfaltigkeit der Betätigung, die den Waldvogt nötigte, bald als Jäger, bald als Waldhüter, bald als Polizeiorgan, bald als Verwaltungsbeamter zu wirken, mag, zusammen mit der fehlenden Berufs- und Fachausbildung, dazu beigetragen haben, dass den älteren Waldvögten Mängel wie die eben erwähnten nicht selten anhafteten. Ihre Stellung als oberste Machthaber draußen in den abgelegenen Walddörfern hat bei der Verantwortung, die sie ihrem städtischen Vorgesetzten, dem Waldherrn, schuldeten und durch regelmäßige Berichterstattung lebendig erhielten, vor allem aber durch die mehr und mehr in ihrer Hand zusammenlaufenden Verwaltungsaufgaben sie doch zu tüchtigen Beamten erzogen. Als solche stehen sie noch heute vor uns in den oft geradezu musterhaften Abrechnungen, die sie alljährlich an Petri Stuhlfeier (22. Februar) der Kämmerei einzureichen hatten. Bei

27 Heute als Leihgabe des Museums für hamburgische Geschichte in der Sammlung des Spieker. Nicht zu verwechseln mit dem zur Anbringung der Diebsmark benützten Werkzeug, vgl. A. M. Baalk, die hamburgischen Walddörfer im Lande Stormarn, Boysen (1934) S.8.

28 Nach Dr. I. F. Voigt, Der Schmalenbeker Hof, 1891 S.10 f. Man beachte an dieser Stelle den also auch Voigt nicht ganz fremd gebliebenen, um 1700 lebenden Müller Jasper Meyer, neben dem noch als Zeitgenosse der Hofbesitzer Martin Meyer erwähnt ist. Vgl. unsere Anmerkung oben zu S.53 f.

ihrem Amtsantritt mussten sie den für Waldvögte und Förster (Waldreiter) geltenden Eid leisten, und wir besitzen noch heute die lange Folge derer, die seit Anfang des 17. Jahrhunderts ihn geschworen: Am 16. November 1607 im vollen Senat Joachim von Alefelt, am 28. Juni 1613 ebenda Asmus Lange, am 14. Juni 1623 Paschens am 30. Mai 1630 Georg Dopcke, am 6. März 1635 Oswald Witte, am 8. Sept. 1652 Sander von Holte, am 29. Februar 1684 Johann Uphoff, am 2. Sept. 1695 Peter Baß, am 18. Juni 1697 Johann Christian Fob[r]ian, als zunächst nur interimistisch berufen am 4. Dezember 1747, aber als wirklich bestellter Waldvogt am 19. Jan. 1753 Walther Jochim Fob[r]ian. Er starb 1783 als der letzte jener alten Reihe, die von Haus aus keine Fachleute gewesen waren. Das sollte nun anders werden. Hatte bisher der Dienst des Waldvogts zu denen gehört, die nach öffentlichen Anschlägen an den Meistbietenden verkauft wurden und für die das Kaufgeld an die Kämmerei erlegt wurde, so schlug im Jahr 1784 E. E. Rat vor, dass die Waldvogtstelle für diesmal nicht öffentlich verkauft, sondern an einen geschickten und erfahrenen Förster unentgeltlich übertragen werde. So kam nur durch Wahl der beiden Waldherrn und der Verordneten der L. Kämmerei Christian Ludwig Schröder in das Waldvogtamt und leistete am 1. Jan. 1785 den Eid, nach hergebrachter Weise. Nach seinem Tode behielt man das neue Wahlverfahren bei, nur dass man dazu den Rat eines Schwarzenbeker Försters einholte. So ist Carl Ludwig Engelhard Brinckmann aus der Wahl hervorgegangen und hat am 28. Febr. 1798 den Amtseid geschworen. Eine auch nur flüchtige Würdigung seines Werkes, das eine Revolution in der Geschichte des hamburgischen Forstwesens bedeutete, bedarf einiger weiter ausholender Worte.

Auf dem Gebiet der Verwaltung hatte der Waldvogt anfänglich um Forstkultur sich wohl am wenigsten gesorgt. Er ließ die Interessenten nicht nur das ihnen als das beste erscheinende Holz herausschlagen, er schaffte es ihnen auch noch bis an die Alster, von wo es auf dem Wasserweg weiter gen Hamburg befördert wurde. Von Aufforstung war nicht die Rede, und außer durch umfangreiche Holzdiebstähle litt der Wald durch mancherlei Nebenbetrieb wie Viehweide, Schweinemast und Kohlenbrennnen. Das allen Hochzeitern in den Walddörfern auferlegte Anpflanzen einiger junger Bäume bIlieb ganz unerheblich gegenüber den Verlusten durch Diebstahl und Baumschlag. Es war schon viel und gehört überdies einer späteren Zeit an, wenn der Waldvogt Fobrian und der Jäger Seidel in dieses Unwesen eingriffen, wie es in einer Eingabe an den Waldherrn vom 7. März 1768 geschah, in der sie sich beschwerten, dass „die Hansdorffer und Schmahlenbecker Bauern, die im vorigen Herbst die Mastung gepachtet, sich nebst dem dortigen Waldreuter [Conrad] Wagener erdreistet, über die gehörige Zeit fremde Schweine mit den ihrigen in die Nachmast laufen zu lassen, daß aber dadurch die nachgebliebenen Eicheln und Buchen nicht Wurzel fassen konnten, mithin unmöglich junges Holtz zum Auflaufen und Anwachs kommen könnte". Der Waldherr erläßt hierauf an den Waldreiter und die Eingesessenen zu Hansdorf und Schmalenbek den ernsten Befehl, sofort die Schweine aus der Hölzung wegzuschaffen, der Waldreiter, dem sein Unfug noch besonders verwiesen wird, erhält aber außerdem die Verwarnung, dass er auf den ersten Contraventionsfall hin unfehlbar seines Dienstes entsetzt würde. Und nachdem er sich ganz zerknirscht entschuldigt und besseren Gehorsam gelobt hat, muss er drei Wochen später schon wieder bei Androhung unausbleiblicher schwerer Ahndung sich sagen lassen, „nach Inhalt der dieserwegen zum öftern ergangenen Befehle besser als bishero pflichtwidrig geschehen, und genauer Acht zu geben, daß in den Hansdorffer und Schmalenbecker Waldungen künftighin keine Schafe weiter gehütet werden".

Solche Maßnahmen sind aber immer Versuche mit unzulänglichen Mitteln geblieben, solange nicht die Verkoppelung mit der grundsätzlichen Trennung von Staats- und Gemeindegrund die Voraussetzungen schuf für eine reinliche staatliche Forstwirtschaft. Für eine solche dann auch den richtigen Mann gefunden zu haben, der mit der Vorbildung und den Kenntnissen des geschulten Forstmannes an seine Aufgabe herantrat, darin besteht das große Verdienst der Berufung C. L. E. Brinckmanns. Brinckmann ist es unstreitig gewesen, der den Grund gelegt hat zu einer Besserung, ja Erneuerung des hamburgischen Forstwesens. Er war es, der die gesamten Forsten der Walddörfer in drei Forstreviere, einen Wohldorfer, Volksdorfer und Hansdorfer Wald, eingeteilt, einen Haushaltsplan für die Waldungen mit Voranschlägen für Abholzung und Aufforstung aufgestellt und das Holz an

Ort und Stelle auf dem Stamm verkauft hat, indem er die Sorge für die Weiterbeförderung der gefällten Bäume den Abnehmern überließ.

Der neue Mann und sein Verfahren müssen sich wohl auch in den Augen seiner Vorgesetzten bewährt haben, denn schon 1803 wurde sein Jahresgehalt um 1000 Mark auf 2500 Mark Cour. erhöht. Dazu genoss er freie Wohnung in Wohldorf in dem von der L. Kammer unterhaltenen Haus mit Benutzung des anstoßenden Gartens, nebst 1 Scheffel 12 Ruthen Wiesenland und 12 Scheffel 129 Ruthen Kornland, die 1823 auf insgesamt 37 Scheffel 54 Ruthen vermehrt wurden. Weitere Bezüge bestanden in der Lieferung von jährlich 25 Faden Knüppel- oder Weichholz, in gewissen Vergünstigungen und Vergütungen von der Schweinemast, wenn es solche gab, in den nicht unerheblichen Gebühren von jeder Amtshandlung, zu denen der Anschlag jeder öffentlichen Bekanntmachung, die Aufsetzung von Inventuren, Ehezärtern, Erbteilungen gehörten; dazu ein Drittel von allen Strafgeldern, ferner 3, 2 oder 1 Mark für Copulationen (Eheschließungen), je nachdem sie von einem Hufner, Käthner oder Jnsten zu erlegen waren, endlich die Schieß- und Trinkgelder, die für ein Reh, Hirsch oder Schwein 3 Mark und 1 Mark, für einen Hasen 8 Schilling und 4 Schilling, für Rebhühner, Schnepfen, Enten, Tauben 4 Schillinge und 2 Schillinge, für Krametsvögel 1 Schilling und ½ Schilling betrugen, alles zusammen der sogenannte Waldschragen.

Noch hauste der Waldvogt, wie wohl schon seit den letzten Jahren Ludekins des Jägers, in Wohldorf, möglicherweise an demselben Platze, wo wir bis zuletzt seine Dienstwohnung kennen. Sie machte samt dem noch 1823 so ansehnlich erweiterten Wiesen- und Kornlande immerhin ein stattliches Gewese aus. Das Haus befand sich westlich der heute von Ohlstedt nach Wohldorf führenden Straße unweit des Drosselbek, nur etwa 150 Meter von der Alster entfernt. Die älteren Wohlsdorfer Karten, danach auch unser der Karte von 1783 entnommener Abzug, verzeichnen hier noch des Waldvogts Haus, im 19. Jahrhundert und bis in unsere Tage war es allgemein als Forsthof bekannt. Heute steht an seiner Stelle ein neuzeitliches Herrschaftshaus, das in seiner vornehmen Abgeschlossenheit alle Spuren des Einst ausgelöscht hat, aber noch durch denselben alten Weg wie vormals des Waldvogts Haus an die Hauptstraße angeschlossen ist. Es muss ein köstliches Idyll gewesen sein, als hier noch im Schutze uralter Eichen das reetgedeckte Haus sich erhob, dem die gewichtige Persönlichkeit des in den Walddörfern allvermögenden Vogts, in dessen Hand alle Geschäfte zusammenliefen und der hier draußen Gewalt und Recht verkörperte, den Zauber der Romantik verlieh. Dass die Umgebung auch an die Hamburger Bürger eine starke Anziehungskraft ausübte, zeigte sich, als die Ehefrau des jungen Fobrian, Anna Dorothea, geborne Hütscher aus Ohlstedt, im Jahre 1773 vom Waldherrn die Erlaubnis zum Betriebe einer Hökerei und Gastwirtschaft sich erwirkte. Dazu wies er ihr einen am Drosselbek auf der östlichen Seite der Ohlstedt-Wohldorfer Straße gelegenen Platz an zur Erbauung eines Hauses nebst Kohlhof und Freiweide für einige Kühe. Dies wurde der Anfang des nachmals so berühmten, älteren Hamburgern noch heute in bester Erinnerung stehenden Gasthofes Hütscher in Wohldorf. Im Jahr 1774 gab die Kämmerei ein Kapital von 300 Talern zu 3% Zinsen in das neue Haus „beim Drosselbek in Wohldorf". Frau Fobrian, 1783 Witwe geworden, brachte die Wirtschaft rasch in Schwung. Gäste aus Hamburg fehlten nie. Sie war noch geraume Zeit Nachbarin Brinckmanns bis 6 ahre vor dessen Tod und starb 1816. Ihr Erbe und Nachfolger in der Wirtschaft wurde ihr Bruder Jürgen Friedrich Hütscher aus Ohlstedt, dem wiederum nach seinem Ableben (1831) sein Sohn Johann Ludwig Hütscher folgte. Dessen ältester Sohn und Erbe (seit 1865) Johann Friedrich Ludwig Hütscher hat das ältere 1881 abgebrannte Gebäude durch einen modernen Bau ersetzt und ist im März 1884 gestorben, nachdem er wie sein Vater Vogt zu Wohldorf und bis etwa zwei Jahre vor seinem Tode Ortsvorsteher der Gemeinde Ohlstedt-Wohldorf gewesen war.

An der gleichen zwischen Bach und Busch anmutig gelegenen Stelle, bis zu der durch den Waldherrn Westphalen vom Herrenhause her noch ein bequemer Waldweg geschaffen worden ist, ladet heute den Wanderer und den Ruhebedürftigen zu kürzerer oder längerer, besinnlicher Rast „Waldhaus und Pension Wohldorf".

Als Brinckmann im Mai 1822 gestorben war und an seine Stelle nach vorübergehender Verwaltung durch seinen Enkel und Adjunkten Schellhammer im Dezember Johann Hinrich Behrens zum Waldvogt und Förster gewählt wurde, hat man mit dem Hinweis auf Brinckmanns außergewöhnliche Mehrleistung bei der Verkoppelung wie bei der Neuordnung der verwahrlosten Holzungen, auf den verbliebenen und eben jetzt (1823) ansehnlich verbesserten Waldvogtschragen, auf den Wegfall der Hoisbütteler Waldungen (seit 1803), auf die viel geringeren Bezüge der hannoverschen und holsteinischen Förster, sein Jahresgehalt wieder auf 2000 Mark heruntergesetzt. Das war indessen nur die Einleitung zu dem Abbau des Walldvogtamtes überhaupt. Nach Behrens' 1835 erfolgtem Tode hat man diesen bedeutsamen Schritt getan und ein seit fast 400 Jahren bestehendes, gerade in seinen letzten Vertretern wohl bewährtes, auf jeden Fall sehr arbeitsreiches Amt abgeschafft. Es ist schwer zu sagen, ob dabei die eben damals durchgeführte Neuorganisation der Hamburgischen Verwaltung oder der Einfluss des neuen dänischen Zollsystems, das aus den in Holstein gelegenen hamburgischen Walddörfern dänische Enklaven machte, oder ob kurzsichtige Sparsamkeitsgründe den Ausschlag gegeben haben. Man hat zunächst tastende Versuche gemacht, mit Forstunterbeamten vom Range der Holzvögte, Schlobohm in Groß Hansdorf, Meibom (seit 1828 Hermann Friedr. Grube) in Volksdorf, F. D. Küseler in Wohldorf, auszukommen.

Das führt uns unmittelbar zur Geschichte und zum Amt dieser Holzvögte, deren Vorläufer der Waldreiter gewesen war. Noch fast für das ganze 18. Jahrhundert kenne ich nur *einen* Waldreiter, der seinen Sitz in Hansdorf hatte. Seine Aufgabe scheint, wie schon die spätere Benennung Holzvogt erkennnen lässt, vorwiegend darin bestanden zu haben, die Hölzungen zu beaufsichtigen, zu verwerten und zu erneuern. Dass er dieser Aufgabe nicht in dem wünschenswerten Umfange nachgekommen ist, ergibt sich schon aus der Notwendigkeit der Berufung Brinckmanns und der von diesem geleisteten Arbeit. Der Waldreiter bezog allerdings dasselbe Gehalt wie der Waldvogt (300 Mark jährlich), womit aber eine berufliche Gleichstellung mit diesem nicht gegeben ist, wenn auch die vielfach gleichartige amtliche Betätigung der beiden in älteren Zeiten und noch im 16. Jahrhundert mehrfach zu einer Verwechslung und Zusammenwerfung Anlass geworden sind. Durch die Vermehrung seiner Verwaltungsaufgaben und durch seine unmittelbare Berührung mit dem die Landeshoheit vertretenden Waldherrn ist der Waldvogt ganz von selbst über den Waldreiter hinausgewachsen. Beide wieder haben aus dem ihnen ursprünglich zustehenden Wirkungskreis den Posten des Jägers ausgeschieden, der mit einem Jahreseinkommen von 120 Mark sich begnügen musste.

Des Waldreiters Dienstwohnung hat sich immer in Hansdorf befunden, und zwar im südöstlich vorspringenden Winkel des Hansdorfer Gebiets, im sogenannten Vieh, einem ehemaligen, aber längst ausgetrockneten Seegelände an der Grenze gegen Siek. Wir brauchen, um an die Stelle zu gelangen, nur dem heutigen Waldreiterweg zu folgen, der von der Ecke des Mühlendammes in südöstlicher Richtung den Wald durchläuft, bis dahin, wo nahe der Landesgrenze der Hof von Eggers steht. Hier also erhob sich bis vor 70 Jahren des Waldreiters oder Holzvogts Haus. Es war nicht mehr der alte schon 1478 errichtete Bau, dessen oberes Stockwerk dem Gebrauch des Waldherrn und der Kämmereibürger vorbehalten war, wenn diese dienstlich in Hansdorf zu tun hatten, während das Erdgeschoss die ständige Amtswohnung des in Hansdorf stationierten Forstaufsehers, des Waldreiters oder Holzvogts war. Jenes ältere Haus war schon 1790 niedergebrannt, während gerade die Ehefrau des Holzvogts ihrer Entbindung entgegensah, die dann in einem benachbarten Schuppen im Schutze eines wärmenden Backofens erfolgen musste. Schon 1791 erstand ein neuer Bau an der alten Stelle, wie der erste seitab vom Dorfe und einsam am Waldessaum gelegen.

Auch hier beim Waldreiterhaus war, wie drüben fast entgegengesetzt in dem nach Westen auslaufenden Vorsprung beim Wohldorfer Waldvogthaus, ein höchst anmutiger, lieblicher Platz, nur noch mehr dem Verkehr und selbst dem dörflichen Betriebe entrückt, wo in der Waldesstille, unter der Rotunde hochragender Buchen einzelne Waldherrn, vor allen Senator Eiffe, gerne ihre Freunde bewirteten. Die Benutzung des Forsthauses selbst überließen die Waldherren lieber den Kämmereibürgern, die häufig hier abstiegen. In dieselbe Gegend unweit des Waldreiterhauses führt uns auch eine Anweisung des Waldherrn, der „1755 dem Waldreuter Wagener zu Hanstorff auf sein bittliches Ansuchen verstattet, daß ihm ein Platz aus der Heyde zwischen seiner Wohnung und der Höchstörper (Hoisdorfer) Schmiede durch den Wald-Voigt Fobrian im Beysein des Han[s]dorffer Bauer-Voigts von ungefähr 2 ½ Scheffel Saat zugeteilt werde … wozu mich sein treuer und unermüdeter Fleiß bewogen … “ Im Jahre 1867 brannte auch dieses, damals nur noch als „Forsthaus“ bezeichnete, irreführend oft Herrenhaus genannte Gebäude infolge Blitzschlages völlig ab; bewohnt war es damals vom Holzvogt G. Heinrich Rodde, dem Vater des nachmaligen Hansdorfer Försters Rodde, welcher letztere schon nur in dem neuen Forsthause seines Amtes gewaltet hat, das an anderer Stelle, näher dem Dorfe am Mühlendamm und Jäckbornswege, erbaut wurde. An der Brandstätte selbst erhob sich seitdem ein schlichtes ländliches Haus, das mit einigen Ländereien an einen Landwirt verpachtet wurde.

Mit der Zeit, aber schwerlich lange vor Mitte 18. Jahrhunderts, sind dann neben dem Hansdorfer Waldreiter, dessen Titel sich seitdem in den eines Holzvogts wandelt, entsprechende Beamte zuerst in Volksdorf, zuletzt, nach dem Abgang des Waldvogts, auch in Wohldorf bestellt worden. Die Unsicherheit, mit der man jener Tage der Behandlung der hamburgischen Waldungen gegenüberstand, erhellt am besten daraus, dass man in den Jahren 1833–37 den Verkauf der Staatsforsten ernstlich erwogen hat. Nachdem sich aber die Verordneten der Kämmerei mit Eingabe an den Rat für Erhaltung der Volksdorfer und Wohldorfer Reviere entschieden hatten, machte sich die Anstellung eines untergeordneten Holzaufsehers für Wohldorf nötig. Da Haus und Grundstück des ehemaligen Waldvogts bereits vergeben, das Amt selbst eingezogen war, erwarb Senator Amsinck das am Kupferredder und Bollberg gelegene Anwesen des früheren Försters Schröder von dessen Witwe. Dieses bezog dann der 1838 zum Wohldorfer Holzvogt gewählte F. D. Küseler, für den eine neue Dienstinstruktion mit Diensteid geschaffen worden ist.

Über die nunmehrigen drei Holzvögte, Schlobohm in Hansdorf, F. D. Küseler in Wohldorf und Hermann Friedrich Grube (an Nikolaus Meibom's Stelle) in Volksdorf, den Waldherr Schrötteringk 1828 vereidigte, setzte man mit Befugnis der Oberaufsicht den kgl. hannoverschen Forst-Sekretär und späteren Oberförster Alberti (Winsen a. L.) mit einer Vergütung von 50 Louisdor (1836). Alberti empfahl bessere Bewirtschaftung der wieder sehr vernachlässigten Waldungen, ihre Durchforstung und Reinigung. Auf ihn ging letzten Endes auch die Anstellung eines weiteren Unterbeamten in der Person Küselers zurück. Unter seiner Verwaltung war es ferner, dass, gewissermaßen als Ersatz für den vor 4 Jahren aufgehobenen Waldvogt, Herm. Friedr.

Grube in Volksdorf 1839 zum Förster aufrückte mit einem Gehalt von 1200 Mark, während die Bezüge der beiden Holzvögte in Hansdorf und Wohldorf auf 450 Mark normiert wurden. (Der Holzvogt Krohn in Langenhorn erhielt, seinen geringeren Leistungen entsprechend nur 300 Mark.) Alberti ist es endlich auch gewesen, der im März 1846 anstelle des zu Ostern gekündigten Hansdorfer Holzvogts Schlobohm als für dessen Posten besonders brauchbar den G. H. Rodde empfohlen hat, den daraufhin die Verordneten L. K. gewählt haben und Senator Landherr Schmidt im Einvernehmen mit Landherrn Senator Sthamer bestätigt hat.

An Alberti's Stelle, der am 7. Mai 1856 starb, trat seit dem 13. Juli d.J. der Förster König zu Trittau. Sein Nachfolger als Oberbeamter des hamburgischen Forstwesens wurde 1884 der seit 1. April 1865 in hamburgischen Diensten stehende Förster C. Ph. Hermann Leopoldt, der seinem Wirkungskreis entsprechend am 7. Juli 1897 zum Oberförster ernannt wurde.

Das von ihm bezogene Forsthaus in Volksdorf war schon 1842 für den Förster Grube neu erbaut und für den landwirtschaftlichen Betrieb eingerichtet worden. Als es 1903 baufällig war und durch einen Neubau ersetzt werden musste, hat man das landwirtschaftliche Zubehör als mit den Amtsgeschäften des Oberförsters nicht mehr vereinbar davon getrennt und samt dem Lande verpachtet. Dem alternden Vater ist seit 1906 der Sohn Hermann Leopoldt, der in Eisenach schon 1903 seine forstmännische Ausbildung abgeschlossen hatte, als Forstassistent beigegeben worden und nach Pensionierung des Vaters 1909 († 4. Juni 1911) als Oberförster an dessen Stelle getreten, am 20. April 1935 zum Forstmeister befördert mit der Aufsicht über den gesamten hamburgischen Staatswaldbesitz.

Bei einer Gesamtfläche des hamburgischen Staates von rund 41 500 Hektar scheinen 1447 Hektar Forst- und Waldgebiet wenig zu bedeuten, nämlich nicht viel über 3% der Bodenfläche.[29] Und doch

29 Ich gebe zum Vergleich die Vethältniszahlen des waldreichsten deutschen Staates (der Vorkriegszeit für welche mir zum Jahre 1913 genaue Zahlen vorliegen), nämlich des ehemaligen Herzogtums S.-Meiningen zwischen Saale und Werra. Dort gab es damals auf einer Gesamtbodenfläche von 246 810,91 Hektar, von denen 3121,69 Hektar auf Haus-

dürfen diese 1447 ha Wald viel heißen, wenn man berücksichtigt, dass Hamburg ein Stadtstaat ist, in dem mehr als 25%, eine überdies täglich wachsende Verhältniszahl, auf bebauten und technisch verwerteten Raum entfallen, während die restlichen 72% vorwiegend gärtnerisch und landwirtschaftlich genutzt werden oder Ödland darstellen. Der gesamte Waldbestand von rund 1450 Hektar, von denen aber nur reichlich 1000 ha Staatseigentum, der Rest Gemeinde- und Privatforsten sind (100 und 300 ha), untersteht dem Forstamt Volksdorf, das indessen darüber hinaus noch 250 ha Aufforstungsflächen in der Berenscher Heide betreut. Zieht man von den 1447 Hektar die Waldungen von Geesthacht (111 ha) und Sahlenburg (580 ha) ab, so bleibt für unsere Walddörfer ein forstlicher Bestand von 756 Hektar, die sich auf Groß Hansdorf-Schmalenbek mit 238 ha, auf Wohldorf mit 190 ha, auf Duvenstedter Brook mit 200 ha, auf Volksdorf mit 128 ha verteilen.

Der Baumbestand ist zum größten Teil Nadelholz (900 ha), auf Laubholz entfallen 500 ha. Die Hauptbesetzungsarten sind Kiefern (Föhren) mit etwa 650 ha, Rotbuchen und sonstige harte Laubhölzer (400 ha), darunter 80 ha Eichen, 250 ha Fichten (Rottannen) und schließlich 90 ha Birken und weiche Laubhölzer.

Die Holzerträge aus diesen Waldungen beliefen sich während des Wirtschaftsjahres 1926/27 auf insgesamt 2265 Festmeter Laubholz (Derbholz), 1200 Festmeter Nadelderbholz und reichlich 900 Festmeter Stock- und Reisholz, einschließlich Nutzreisig.

Im Jahr 1935 betrug der Ertrag aus den Holzungen des Walddörfergebietes 48 000 RM.[30]

---

und Hofraum entfielen, 135 854,01 Hektar aber landwirtschaftliche Grundstücke, Gärten und Ödland waren, 107 855,21 Hektor Forste, in der überwiegenden Mehrheit Staatseigentum (45 851,05 Hektar), nächstdem Gemeindenwald (25 403,48 Hektar), im übrigen Kron-, Stiftungs-, Genossenschafts- und Privatbesitz, im Ganzen also rund 43,5% der Bodenfläche waldbestanden!

30 Die Angaben über die Größenverhältnisse der hamburgischen Waldreviere und den Nutzungsertrag des Jahres 1935 verdanke ich den Mitteilungen des Herrn Forstmeisters Leopoldt, über die Verteilung der Holzarten der Zeitschrift „Der Förster", Jahrgang 1928 S.455/456.

Aufzeichnungen der Kämmerei über die 1597 durch die Waldherren erfolgte Rechnungslegung aus den Walddörfern besagen „Rekeni[n] g van *dem Ampte Woldtorp van denn Amptess Heren* alse nomelich Her Casper Moller unde H[er] Herman Moller vann Ao. 1597 den 23. February„ item Ao. 97 den 23. Feber hatte de erb[are] wolwisse H[er] Hermann Moller desse Rekeninge van dem *Amptte Woldttorp* unde *de tho gehorigen Lande* inn de Kemerie inn geleverdtt. Anno 1597 deß Sondages nha Cattrinen (Nov. 27) de jarligs Hure van *den Husluden, so thom Ampte tho Wolthorp gehoren.*"

Damals, im Jahre 1597, gehörten nach den anschließenden Einzelaufzählungen bereits alle späteren Walddörfer (außer Berne) zu Hamburg: nämlich Hoisbüttel, Ohlstedt, Volksdorf, Wohldorf, Hansdorf, Schmalenbek, Farmsen. In der Kämmerei werden neben dem Amte Wohldorf die dazu gehörigen Lande sowie die Hausleute, die zum Amt gehören, unterschieden. In derselben Ordnung ist dann auch die Rechnung gelegt: Amtsgebiet als Ganzes, Einzelgebiete und Insassen. Die Bezeichnung als Amt ist wohl in Anlehnung an die Ämter Bergedorf und Ritzebüttel gebraucht. Hier wie dort bestand als Verwaltungsmittelpunkt ein Herrenhaus an alter Burgstätte, daneben eine Gutsverwaltung. Der etwas wasserfarbene Ausdruck der Kämmereirechnungen „Woltorpe et Hanstorpe" erhält jetzt erst Inhalt und Begriff. Zwar ist der Name eines Amtes für Wohldorf nicht ursprünglich, er ist auch nicht dauernd oder nur für längere Zeit mit diesem Vorort der Walddörfer verbunden geblieben. Das mag darin seinen Grund haben, dass weder der erste noch der zweite Waldherr ständig seinen Sitz in Wohldorf hatte.

Vielleicht klingt in dem Amte Wohldorf eine leise Erinnerung nach an die einstige *Herrschaft Wohldorf*, die, so kurz sie war (bis 1322), sich merkwürdig stark dem Gedächtnis der Zeitgenossen eingeprägt hat. Noch 1782 hat die dänische Regierung die von ihr eingeforderten Walddörfer unter dem Begriff Distrikt Wohldorf zusammengefasst.

Unerlässlich war die Anwesenheit des Waldherrn in Wohldorf, wenn es galt, das Land- oder Waldgericht zu hegen, auf dem er kraft des ihm allein zustehenden Mühlen- und Wildzwanges das Urteil fand oder finden ließ: „Ao. 1584 den 17. Junii ist zu Woltorff auff dem Landgerichte gefunden, welcher Haußman unter eines Ehrbaren Rahts Jurisdiction sein Korn zu andern frembden Mühlen führet, umb da mahlen zu laßen, und darüber beschlagen und bedropen wird, deßelben Korn und Pferde sollen an der Herrschafft verfallen seyn, auch ein jeder vor den begangenen Ungehorsamb 60 Mk. Lübisch zu Bruche der Obrigkeit zu entrichten und bezahlen schuldig sein und sollen nirgend anders zur Mühle fahren als nach Woltorff und Vulesbüttel."

Diese Landgerichte zu Wohldorf unter dem Vorsitz des Waldherrn, von denen uns aus älterer Zeit noch solche von 1589 Juli 15 und 1590 Okt. 15 bekannt sind, hatten am häufigsten Recht zu finden über Holzdiebstähle, seltener über Fälle der Unbotmäßigkeit und des Ungehorsams. Wie die Untersuchung an der Dingstätte geschah, so zog man die Schuldigen auch sofort zur Verantwortung und Strafe, die meist in einer Geldbuße oder in mehrtägiger Haft in dem beim Herrenhaus befindlichen Gefängnis bestand, für das ein eigener Schließer mit einem Jahrgehalt von 50 Rthlr. (seit 1725 zugleich Aufseher im Herrenhaus) bestellt war. Nur wo Widersetzlichkeit oder Auflehnung oder gar Verhöhnung der Staatsgewalt vorlag, erkannte man auf entehrende Strafen wie das Tragen des spanischen Mantels, eines bodenlosen Fasses, das, dem Delinquenten übergestülpt, nur Kopf und Beine freiließ, durch das Dorf, oder Einspannung in das beim Herrenhaus angebrachte Halseisen, eine Art Pranger, in welchem der Schuldige „angeprangert" wurde. Indessen kann die Rechtsprechung, die der Waldherr übte, auch nach unseren weicher gewordenen Begriffen niemals unmenschlich oder hart gewesen sein, denn sonst wäre das beinahe unbegrenzte Vertrauen unverständlich, mit dem die Walddörfler in Fällen vermeintlich unverdienter Ahndung durch den Waldvogt oder den Wohldorfer Gutspächter unmittelbar an den Waldherrn in Hamburg sich wandten, wobei sie allerdings bei allzu großer Dreistigkeit und Ungebühr auch Gefahr liefen, erst einmal mit der Roggenkiste am Winserbaum mehrtägige Bekanntschaft zu machen.

Nicht immer hat der Waldherr draußen in den Walddörfern Recht gesprochen, oft wird er sich begnügt haben, eine in Hamburg auch ohne förmlichen Rechtsgang gefällte Entscheidung durch den Richtevogt ausführen zu lassen. Das ist selbst mit reichskammergerichtlichen Urteilen geschehen, wie wir an dem Falle von Hans Zingelmann sehen, der auf Grund solchen Urteils kraft Spruches eines E. Rats und des Waldherrn in das Erbe seiner Großeltern zu Groß Hansdorf eingewiesen werden sollte, das seine Stiefmutter, Claus Sandtmanns Witwe Cäcilie, sich widerrechtlich angemaßt hatte. Der Vorgang gibt so wie er aktenmäßig überliefert ist, ein köstliches Spiegelbild altsächsischen Vollstreckungsverfahrens. Da erscheint am 11. Dezember 1592 der Hamburger Richtevogt Daniel Bekemann in Hansdorf, ruft alle Hausleute des Dorfes zusammen und führt in ihrer Gegenwart den Erben an die große Türe seines Urväterbesitzes. Es handelt sich um die erste Hufe des Ortes, die noch heute in Sannmannschem Besitz ist. Er heißt ihn Türe und Krampen angreifen und spricht: „Ich weise dich in deines Großvaters und deiner Großmutter Hofstätte, darinnen die zu Hansdorf gewohnet, und alles, was dazu gehörig ist mitnebenst denen dazu gehörigen Wischen, Weiden, Ecker, Landt und Sandt, also und dergestalt, daß du nun hinfurten desselbigen ein Einhaber und Besitzer sein und bleiben sollst, jedoch solange du deine schuldige Pflicht und Dienste leistest und du dem erbarn Rate zu Hamburg gefällig bist.“ Hierauf nimmt der Richtevogt einen Spaten, geht damit hinaus auf den Acker, stößt ihn in die Erde und heißt Hans Zingelmann den Spaten in seine Hand nehmen und im Beisein aller Dorfleute vom Lande Besitz ergreifen. Zum Hause zurückgekehrt, lässt er ihn die kleine Türe fassen, öffnen und schließen, befiehlt ihm, sich auf einen der Stühle neben der Feuerstelle zu setzen und stellt gleichzeitig der Mutter Stuhl hinaus vor die Türe, womit er sie hinausweist aus dem Recht an Haus und Besitz. Zum Schluss nimmt er den versammelten Landleuten feierlich das Versprechen ab von des Rats und des Waldherrn wegen, den eingewiesenen Hans Zingelmann in seinem Recht und Besitz zu schützen.

Auch nachdem die Waldherren seit 1563 durch die Einrichtung einer eigenen bürgerschaftlichen Behörde von je zwei Verordneten aus jedem der damaligen vier Kirchspiele, der sogenannten Achtmanner oder der Kämmereibürger, von der Finanzverwaltung befreit worden waren, sodass sie nur noch die Einkünfte aus den Walddörfern in die Kämmerei abzuliefern hatten, blieb ihnen noch übergenug zu tun mit der übrigen Verwaltung, mit der Jurisdiktion, mit der Gesamtaufsicht über den Wald, wo sie jeden zur Fällung bestimmten Baum persönlich hämmern, d.h. mit dem dafür bestimmten Hammer (heute als Leihgabe des Museums für Hamburgische Geschichte in der heimatkundlichen Sammlung des Spieker) markieren mussten. Gelegentlich wie bei den bürgerlichen Unruhen von 1686 sind ihnen diese Amtsgeschäfte noch weiter geschmälert worden. Damals ist die Anordnung getroffen worden, die im Unterschied von anderen einschränkenden demokratischen Maßnahmen 1709 nicht aufgehoben, sondern 1712 bestätigt wurde, dass nämlich, um jeden Verdacht des Eigennutzes und der Parteilichkeit von den Waldherren fernzuhalten, Kämmereibürger beauftragt wurden, die Hämmerung der zu fällenden Bäume zu überwachen. Seitdem werden in den Protokollen der Waldherren anlässlich der Hämmerung auch Verordnete der Kämmerei ausdrücklich erwähnt: so sehen wir z.B. im Januar 1726 im verschneiten Walde zwei Waldherren und zwei Kammerbürger, die dann nach vollbrachtem Tagewerk wohl gemeinsam im warmen Herrenhaus Unterkunft gefunden haben. Die Waldherren behielten die Oberaufsicht, sodass ohne ihre Zustimmung kein Baum gehämmert oder gar gefällt werden durfte, nur sodass die verordneten Kämmereibürger als für die Verwaltung des städtischen Vermögens Verantwortliche hinzutreten. So werden sie wahrscheinlich auch bei allen späteren Forstverbesserungsmaßnahmen zugezogen und dann auch im Herrenhause Gäste gewesen sein: bei der Anlage von Eichenkoppeln wie bei der Einteilung der bisher völlig uneingefriedigten Waldbestände in Forstschläge und ihrer Einhegung mit Wällen, Knicks und Gräben (um 1772).

Außer diesen zeitraubenden Forstangelegenheiten erforderten viele umständliche Verwaltungsgeschäfte, die ihn oft Wochen draußen festhielten, die Anwesenheit des Waldherrn im Herrenhause und seinem Amtsbezirke: Festsetzung der bäuerlichen Hofedienste (Hand- und Spanndienste) zugunsten des Fiskus, des Waldherrn und des Wohldorfer Pächters; Regelung der bäuerlichen Dienste zur Jagd, Festsetzung der Jagdzeiten; Ausweisung von Weichholzhegen und von Gemeindeweideland an die Bauern, an alte und neue Siedler, wobei Bauernvögte und Dorfinteressenten zu hören, zur Einwilligung zu bewegen waren; unzählige Verhandlungen waren nötig mit benachbarten Beamten und Grundbesitzern zur Erörterung und Beilegung der unaufhörlichen

*Luftaufnahme von Volksdorf*

Mit Genehmigung der hamburgischen Behörde für Technik und Arbeit (Vermessungswesen)

Unten rechts ist der 63,2 m hohe Mellenberg zu sehen, unten links die Landhäuser von Rahlstedt-Meinendorf. Die am Nordrand des Mellenbergs stark hervortretende helle Linie zeigt den Mellenberger Weg, der von da in nordwestlicher Richtung den gesamten Rand des Waldes begleitet. Ohlendorfs Park ist an der Nordseite des Bildes, ungefähr in der Mitte, zu sehen. In dem kleinen Winkel zwischen Wald und Park über den hellscheinenden Straßen ist noch das Hotel Hamburg zu erkennen. Die oben rechts hell hervortretende, leicht gekrümmte Straße ist die Eulenkrugchaussee. Die vom Waldrand in nordöstlicher Richtung nach dem Endpunkt der Eulenkrugchaussee geradlinig laufende Straße ist der Voßredder; ihm parallel vom Waldrand bis zum Anfangspunkt der Eulenkrugchaussee bis Holthusenstraße. Beide rechtwinkelig schneidenden gehen vom Waldrand und vom unteren Rande von Ohlendorfs-Park bis zum Volßredder die Peterstraße und darunter von der Holthusenstraße über den Voßredder hinaus die Friedrich-Stahmer-Straße. Zwischen Peterstraße und Eulenkrugchaussee läuft parallel und mittlings Holthusenstraße und Voßredder der Hoisberg, in dessen 1⅓ mal über die Eulenkrugchaussee hinaus gedachte Verlängerung die Walddörferschule zu suchen ist.

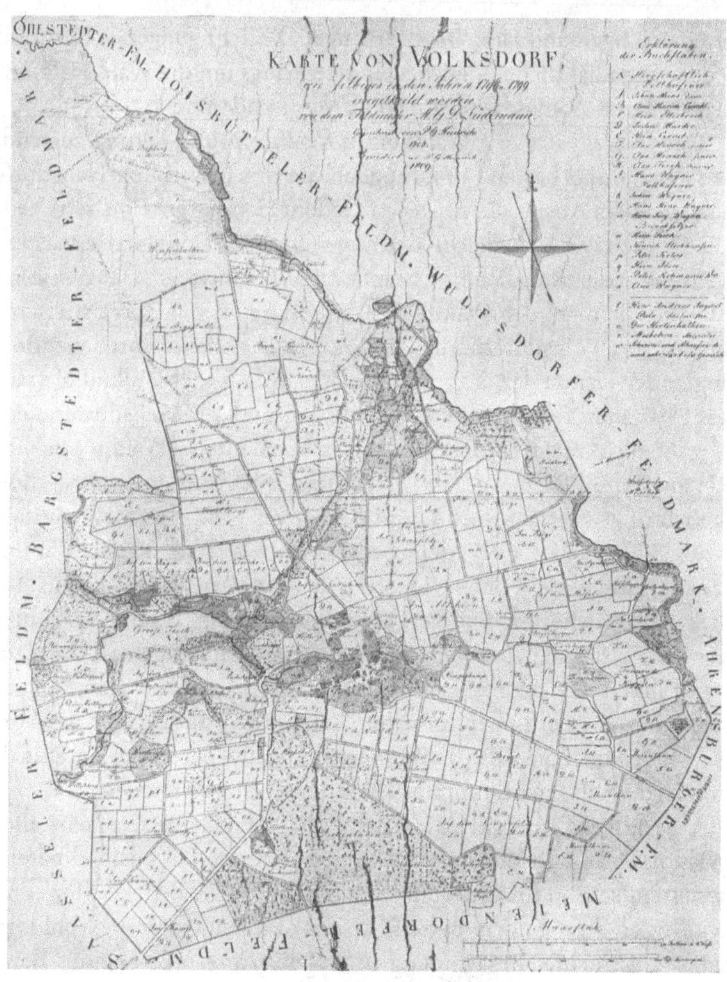


*Karte von Volksdorf 1798/99*

Aufgenommen von Feldmesser H. G. D. Lüdemann
(Staatsarchiv Hamburg)

Grenzirrungen und Hoheitsverletzungen, Besichtigungen an Ort und Stelle, fast alljährliche Grenzbegehungen rings um die Walddorfs-Enklaven durch Waldesdickicht, Heide, Moor und Sumpf.

Das Entgelt, das den Waldherren für ihre Mühewaltung zustand, war gering und bestand ursprünglich bei der Erwerbung Hansdorfs einzig in dem Anspruch, den sie mit jedem Hamburger Ratsherrn teilten, jährlich je 6 Schweine in den zugehörigen Waldungen zu mästen, während jeder Ratsdiener 4 Borstentiere hinaustreiben durfte. Eine Abgabe, die nicht den Waldherren, sondern den vier Bürgermeistern jährlich von Volksdorf für die Weide daselbst zustand, waren vier Botlinge oder Hammel. Als aber das Weideland um der Walkmühle willen 1597 zum Teich aufgestaut wurde, konnten die Volksdorfer diese Abgabe nicht mehr entrichten, dafür haben dann die Waldherren vier Reichstaler Ablösung gezahlt. Noch finde ich in demselben schon mehrfach erwähnten Rechnungsbericht von 1597 eine merkwürdige Notiz: Uthgave Ao. 1597: denn beiden Amptes Herenn ehre Salarium (Salair, Jahrgehalt?) ehnen ideren 4 Rthlr. = 16 Rthlr. 8 Schill. Da ihnen als Ratsherren eine Vergütung nicht zukam, kann es sich hier nur um Erstattung von Wege- oder Zehrgeldern handeln. Außerdem stand ihnen das Jagdrecht und die Fischerei zu; neben dem, was sie selbst in der Aue fischen mochten, hatte ihnen der Pächter des Vorwerks, der auch die Aue mitübernommen hatte, bei jedem Aufenthalt im Herrenhaus ein bestimmtes Quantum Fische zu reichen.

Was nun das Wohldorfer Herrenhaus selber betrifft, so scheint alles Wissenswerte und Wissensnotwendige über den Gegenstand bereits gesagt zu sein in unseres trefflichen Archivars O. Beneke Monographie oder Promemoria betreffend das „Herrenhaus“ zu Wohldorf, seine Geschichte, Bestimmung und Benutzung.[31] Er beginnt denn

31 Erschienen 1. Mai 1884 als ein Beitrag zur Geschichte der vormaligen Hamburgischen Waldherrschaft. Da die Schrift weniger für die Öffentlichkeit als dienstlich für Senat und Bürgerschaft bestimmt war, so lässt sich annehmen, dass der Verfasser hier den Gegenstand wissenschaftlich erschöpfend zu behandeln beabsichtigte. Dazu war keiner besser imstande als der mit den Quellen wohlvertraute Archivar. Dazu noch, durch viele persönliche Erinnerungen, auch Bilder bereichert, Dr. Ascan W. Lutteroth, das hamburgische Herrenhaus zu Wohldorf 1925.

auch sofort mit einer klaren Begriffsbestimmung: „Spiekser“ oder „Lusthaus“ oder „Herrenhaus“ hießen vormals im Hamburger Landgebiet anspruchslose Gebäude, die den zuständigen Landesobrigkeiten zu amtlicher und außenamtlicher Benutzung dienten.

Das ist, geschichtlich gesehen, unzutreffend, weil es nicht für alle Zeiten des Herrenhauses Gültigkeit hat, sondern nur etwa für das 17. und 18. Jahrhundert, die zuerst den „Spieker“ und das „Lussthaus“ schufen, sowohl die Worte wie die Sache. Noch verkehrter wird Beneke's Definition, wenn er weiterhin solche Art Haus näher beschreibt „als „Erdgeschoß mit Saalbau darüber, etwa zum Genuß einer *guten Aussicht*, zum *Umherspekulieren*, zum *Umherspikern*“.

Beneke übersieht bei seiner Erklärung, dass sie vorwiegend Begriffe gebraucht, die erst einer späteren Zeit angehören, denen aber trotzdem von ihm Allgemeingültigkeit zugeschrieben wird. Um nicht in denselben Fehler zu verfallen, werden wir gut tun, vorerst Ursprung und Bedeutung des Wortes klarzustellen.

*Spiker* ist die niederdeutsche Form für das hochdeutsche *Speicher*, das selbst wieder ein Lehnswort ist aus dem spät lateinischen spicarium (von spica Aehre) und *Vorratshaus für Körnerfrüchte* bedeutet, in diesem Sinne schon in der lex Salica, dem Rechtsbuch der salischen Franken, gebraucht. Merkwürdigerweise nun ist dieses Wort, das in gallischen und romanischen Landesteilen, also links des Rheines, entstanden war, *im eigentlichen Deutschland fast nur im Norden* wirklich heimisch geworden, wo es in Verbindung mit der nordöstlichen Kolonisation von Westfalen und Holland aus als Spiker und Spijker eingedrungen zu sein scheint. Hier hat es denn anfänglich auch nichts anderes als Kornhaus oder Kornboden bedeutet und ist in diesem Sinne zum Teil bis in die Neuzeit vorgedrungen. So weist es M. Hemming für das östliche Holstein (Probstei) in großem Umfange nach.

Können wir den Spiker in diesem eindeutigen Verstand für das ganze Mittelalter, im nordöstlichen Deutschland natürlich erst seit der Zeit der Kolonisation, voraussetzen, so erweitert sich der Begriff etwa seit dem 16. Jahrhundert zu einem im Haupt- oder Nebengebäude neben dem Vorratsgelass *wohnlich gestalteten Raum* und schließlich geradezu zu einem *Lusthaus*. Wir haben demnach unter Spieker ein Dreifaches zu unterscheiden: 1. einen Kornspeicher, 2. ein dem Kornspeicher mehr oder weniger eng verbundenes Wohnhaus, 3. ein von ihm räumlich schon ganz getrenntes Herren- oder Lusthaus. Den Namen Spieker aber haben sie alle beibehalten. Die beiden letzten Bedeutungen sind jedoch erst spät, jedenfalls nicht vor dem 16. Jahrhundert belegt, die dritte vollends bleibt ganz auf gewisse Teile Norddeutschlands beschränkt; ich kenne sie nur aus Lauenburg, dem westlichen Holstein und aus dem Bremischen, auch da, wie es die Sache mit sich bringt, nur in beschränktem Umfang.

Dazu kommt nun als ein Viertes, das mit dem ursprünglichen Wesen des Spieker gar nichts mehr zu tun hat, eine aus dem gelehrten Gebrauch des Renaissancezeitalters herübergenommene Wortdeutung, die an das zwar ebenfalls aus dem Lateinischen stammende, aber im Lauf eines Jahrtausends völlig germanisierte Wort Spiker (Speicher) von außen herangetragen wird, um ihm auch das gebildete Mäntelchen umzuhängen. Diesmal von einem ganz anderen lateinischen Namen her, [re] spicere, specere, spähen, schauen, schob man dem schon viel zu Deutsch gewordenen Spieker den Sinn seines Luginsland, einer Warte zum Schauen unter. Tatsächlich aber ist dieses neue Fremdwort spiekern, spähen = heimlich abgucken, unbemerkt umherschauen, immer ein Schulausdruck oder ein militärisches Fachwort geblieben, nie volksüblich geworden und weder bei den Spiekern längs der Elbe noch gar bei einem unserer Walddörfer wie in Farmsen oder Wohldorf im Sinne eines Lugaus oder einer Späherwarte gebraucht worden.

Solche aus einer rein humanistischen Atmosphäre rührenden Worterklärungen muten, wo sie gut deutschen oder deutsch gewordenen Wörtern untergeschoben werden, immer gekünstelt an. Das Volk kennt und versteht sie nicht. Es ist charakteristisch, was mir einer der besten Kenner der Sprache und der Gewohnheiten in unseren Walddörfern, Herr Paul Rolle in Volksdorf, bezüglich des sogenannten Spiekerfensters[32] gesagt hat: in Volksdorf und auch in Siek heißt dieses Fenster vielmehr „Kiekfenster".

Dem sprachgeschichtlichen Verlauf, wie wir ihn bisher, unbeirrt durch die vielgestaltigen Bilder der Außenwelt, verfolgt haben, ord-

32 Vgl. A. M. Baalk, Zur Volkskunde der Walddörfer, in Zeitschr. des Vereins für hamb. Gesch. XXXV S.24, sowie W. Hübbe, ebenda, S.429 f.

nen sich nunmehr zwanglos die Tatsachen und Gegebenheiten ein, die uns über das Werden des Herrenhauses berichtet werden.

Schon lange ehe draußen in Wohldorf das Haus entstand dem man erst viel später den Modenamen „Spieker“ beigelegt hat, war den Hamburgern geläufig, was ein Spieker im alten guten Sinne war, ein Kornspeicher oder Kornboden. In den „als unmittelbar zeitgenössischen Zeugnissen wichtigen Kämmereirechnungen heißt es zum Jahre 1383 von einer Einnahme, die unter der Rubrik de domo carnificum (aus dem Schlachterhause) steht, dass sie kam de granario dicto spiker, d.h. aus dem *Kornspeicher*, den man *Spiker* nennt. Es ist also unwahrscheinlich, dass man dem Haus, das die Stadt Hamburg rund ein Jahrhundert später (1487–1489) in Wohldorf bauen ließ, den Namen Spieker gegeben haben sollte, weil man auch damals noch unter Spieker eben etwas ganz anderes verstand, als was man mit diesem hamburgischen Amtsgebäude in Wohldorf beabsichtigte. Es hieß ganz schlicht *domus* oder *domus nostra* oder *domus in Woltorpe, das Haus, unser Haus, dat Hus in Woltorpe.*

Die Kenntnis der Kämmereirechnungen in denen Wendungen dieser Art immer wiederkehren, und eine etwas bessere Meinung von dem Latein des Reformationszeitalters in deutschen Amtsstuben hätte unseren Beneke, der sich dabei schon auf Koppmanns Abdruck berufen konnte, davor bewahren müssen, der von beiden aufgenommenen Lesart des handschriftlichen Textes domus herreorum den „unmißverständlichen Sinn Herrenhaus“ zu unterstellen.[33]

*Die Stelle lautet richtig*: Es sind verausgabt 38 Pfund 13 Schill. 8 Pf. *pro reparatione domus in Woltorp, horreorum et a iorum necessariorum*“, d.h. für *die Ausbesserung des Hauses in Wohldorf, der Scheunen und anderer notwendiger Sachen.*

Wir haben also zwischen 1. dem Hause in Wohldorf und 2. den *Scheunen* und *Speichern* scharf zu unterscheiden. So kommt mit einem Schlage Klarheit in das Bild: Das *Haus* in Wohldorf kann nichts ande-

33 Hier ist es nun mein verstorbener Kollege Kurt Ferber gewesen, der bei seinen mühevollen Arbeiten für das Register das unmögliche heireorum aus der Handschrift in horreorum berichtigte, worauf ich im Verein mit Prof. Dirrnheim der mir Ferbers Entdeckung vermittelt hatte, mit Hilfe besserer Interpungierung den richtigen Sinn der Stelle erkannte.

res als das Herrenhaus sein, die *horrei* lassen sich ungezwungen als Kornspeicher Spieker, deuten. Die hier offenkundige Zweiheit von Herrenhaus und Spieker wird weiter erhärtet durch einen Eintrag im Kämmereiprotokoll, dem sogenannten Memorial von 1641, der zum Jahr 1646 gemacht ist und kurzer Hand lautet: *Woltorffs Haus* und *Spikers Inventarium.*

Endlich haben wir da noch den Brief des Wohldorfer Pächters Chr. Hinrich Borcholt vom 21. Januar 1732, worin er dem Rat zu Hamburg seine Baupläne mitteilt; darunter befindet sich unter anderen: *ein Korn-Spiker.* Wenn aber hier Borcholt davon spricht, dass er neben anderen Gebäuden einen neuen Kornspeicher aufführen will, so brauchen wir uns nur der schon 1539 außerhalb des Hauses in Wohldorf genannten Speicher (horrei) zu erinnern, um inne zu werden, dass auch der neue Kornspeicher Borcholts seine Vorgänger auf dem Gute Wohldorf gehabt hat.

Die weiteren urkundlichen Benennungen des Herrenhauses, wie sie uns namentlich seit dem 18. Jahrhundert häufiger begegnen, können das Ergebnis unserer sprachgeschichtlichen Untersuchung nicht mehr umstoßen, höchstens befestigen. In dem Pachtkontrakt, den die Verordneten der Kämmerei am 2. August 1706 mit dem Vorgänger Borcholts, Johann Scholermann aus Hamburg, über das Vorwerk Wohldorf abschließen, heißt es u.a.: … „wie denn auch *der Spicker oder Lusthauß daselbst* (in Wohldorf) denenselben (den Waldherren) und den Verordneten der Cämery nebst andren der Stadt Deputation frey bleibet und that der Hauere (der Pächter) sich deß nichts anzunehmen oder anzumaßen." Das ist, so viel ich sehe, das früheste Zusammenwerfen von Spieker mit Herrenhaus in Wohldorf. Woher also der Spieker in dieser Zusammenstellung mit Herren- oder Lusthaus? Beneke gibt uns in seiner mehrfach erwähnten Abhandlung die Antwort; wenn er (S.21 f.) die verschiedenen Lust- und Herrenhäuser amtlicher Stellen in Hamburgs Umgebung aufzählt, darunter der Herren Spiker zu Bill- und Ochsenwerder, den Herrenspiker in Moorfleth. Sie alle gehören ihrer Entstehung nach einer viel früheren Zeit an als unser Wohldorfer Herrenhaus, einer Zeit, die mit dem ursprünglichen Zweck und Gebrauch des Spiekers als eines Speichers auch dessen Begriff im Bewusstsein trug. Erst als solche Spieker ihrer anfänglichen

Bestimmung entfremdet, befestigt und zu Amtssitzen von Vögten oder Wächtern wurden, hat man mehr oder weniger gekünstelt ihrem Namen den ganz sekundären Sinn des Spiekerns, d.h. des Um- und Ausschauens untergeschoben. Gerade in *dieser* Zeit aber, in der sie Herren- und Lusthäuser geworden waren, sind die Spieker mit Namen und Inhalt Vorbilder geworden für Bauten, die nur noch dem jüngsten und letzten Zweck dienten, gleichwohl aber den alten Namen übernommen haben. Spieker ist so, von den genannten Herrenhäusern im Elbtal her, Modename geworden für Herrenhaus schlechthin und in diesem Sinne auch um 1700 in die Walddörfer verpflanzt worden, woselbst doch gleichzeitig noch dasselbe Wort in seiner ursprünglichen Bedeutung als [Korn-]Speicher verwendet wurde.

Jenes Haus nun, das 1706 als „Spieker oder Lusthaus" in Wohldorf erscheint, ist sicher nicht das erste dieser Art, das Hamburg nach seiner Besitznahme etwa halbwegs zwischen dem alten Dorfe und der Alster errichtet hat. Ich halte den Platz um dieser seiner günstigen Lage willen für den der alten Burg. Dass diese 1347 zerstört worden sei, ist unbewiesene und unbeweisbare Behauptung. So ist es sehr wohl möglich, dass die im Jahre 1487 von Soldaten und Arbeitern beseitigten Brandreste noch solche der alten Wohldorfer Burg waren, die eben damals erst durch ein ganz unkriegerisches Feuer ihr Ende gefunden hatte. Der Vorteil der nach zwei Seiten beherrschenden Lage, die Anknüpfung an alten Bauuntergrund mögen die Beibehaltung des Platzes für den Bau des Hamburger Herrenhauses empfohlen haben. Er erstand, auch da noch schlicht dat Hus (domus), nicht Spieker oder Herrenhaus geheißen, 1489 auf einer Insel, die von einem breiten teichartigen Graben umschlossen war. Die Verbindung mit dem Festland im Westen geschah durch eine Brücke, die 1560/61 ausgebessert, im Jahre 1856 durch einen Damm aus Erde mit steinernem Durchlass ersetzt worden ist.

Ob nun aber jener im Jahre 1489 errichtete Neubau noch identisch ist mit dem Hause, das in den im Dezember 1711 beginnenden Verhandlungen über einen Neubau als ein „irreparabel Haus und eine schier zu Nichts mehr zu gebrauchendes Wesen dargestellt wurde, nachdem es länger als 100 Jahre (!) gestanden habe", lässt sich nicht mehr entscheiden. Jedenfalls gab der Waldherr 1711 die Anregung bei der Kämmerei. Die Kämmerei beantragte beim Senate den Neubau, der 1712 ausgeführt, 1714 fertiggestellt wurde. Vom Vorwerkshofe her wurde zum Herrenhaus eine zweite Brücke angelegt, die der damaligen Frontseite des Hauses zuführte. Diese Vorderseite ist als solche noch heute kenntlich durch die Inschrift über dem einstigen Hauptportal: Domino Johanne von Som et Domino Woltero Beckhofio Praetura sylvestri fungentibus, aedes hae exstructae sunt Anno MDCCXII (Dieses Gebäude ist unter den Waldherren Johann von Som und Walter Beckhof im Jahre 1712 erbaut worden). Als im Jahre 1777 das Vorwerk von Detlev Jacob Küseler in Erbpacht übernommen worden war, ist die dem Vorwerk zugewandte bisherige Vorderseite des Herrenhauses zur Rückseite geworden. Der dortige, bisher der Auffahrt dienende, als Drehbrücke eingerichtete Steg, der nur 7 Meter lang gewesen war, verlor dementsprechend seine Bedeutung und wurde zur Laufbrücke. Im Jahre 1838 noch einmal erneuert, ist er in den sechziger Jahren ganz verschwunden.[34]

Die westliche Brücke hat mit der eben erwähnten Wandlung der alten Herrenhausfront in die Rückseite den Rang des Hauptzuganges zu der nunmehrigen westlichen Frontseite und damit gleichzeitig die Sonnenuhr erhalten. Sie ist mit ihren vier Jochen am besten auf dem Speckter'schen Aquarell von 1840 sichtbar. An ihre Stelle ist, wie eben bemerkt, 1856 ein Erddamm getreten, heute der einzige Zufahrtsweg zum Herrenhaus.

Im Innern ist trotz mehrfacher Änderung in der ursprünglichen Raumeinteilung der Gebrauchszweck für den Waldherrn gut zu erkennen: im Erdgeschoss ein großes heizbares Wohngemach auf der einen Seite, auf der anderen ursprünglich zwei kleinere heizbare Räume, im oberen Stock ebenfalls nur drei Zimmer, zwei kleinere und ein großer breiter Saal, erstere vielleicht Schlafstuben, letzterer als Versammlungs-, Audienz-, Konferenzzimmer, als solches noch

34 W. Melhop in Dr. Ascan W. Lutteroth, das hamburgische Herrenhaus zu Wohldorf, 1925, S.10 und 12; derselbe in seinem Hauptwerk „Die Alster", 1932, S.309. Melhop's Angaben, die von denen O. Beneke's in einigen Punkten abweichen, stützen sich auf die Waldprotolle der Landherrenschaft der Geestlande S.75, 83, 88 und 106. Ein Bild der Sonnenuhr bei Lutteroth zu S.28. Der Erddamm ebenda zu S.26.

im 18. Jahrhundert in Gebrauch, später in vier kleine Schlafzellen umgewandelt.

### *f) Alte Hufen und Hufner und neue Siedler*

Als am 29. September 1933 das *Reichserbhofgesetz* die Erbhöfe schuf als die unverletzlichen Grundlagen gesunden deutschen Bauerntums, da fand es in unseren Walddörfern die erste Voraussetzung für die Einrichtung solcher Erbhöfe, einen zur Ackernahrung für eine Familie ausreichenden Besitz in der Hand eines Bauern, nur mehr in beschränktem Umfange vor. Bis in die zweite Hälfte des 18. Jahrhunderts hatten die Walddörferhufen dank dem Umstande, dass die Bauern kein selbständiges Verfügungsrecht über Grund und Boden besaßen, nicht nur eine von mittelalterlichen Zeiten herabreichende nahezu gleichbleibende Größe bewahrt, sondern waren auch in ihrer Zahl annähernd gleich geblieben. So zählte man in Groß Hansdorf 5, in Ohlstedt 3, in Volksdorf 8, in Farmsen 6, in Hoisbüttel 4 Hufen nahezu unverändert. Durch die reichliche Zuteilung von Gemeindeland, welche die Verkoppelung den Besitzern brachte, wurde das mit einem Schlage anders. Alle erhöhten infolge dieser wohltätigen Maßnahme ihren nunmehr eigentümlichen Grundbesitz um rund 50 Prozent. Die Eingesessenen, die ihre bisherigen Grundstücke oder wenigstens deren Betrag an Acker- und Wiesen- nebst Gartenland behielten, zahlten dafür auch die früheren Abgaben; für das, was sie von jetzt ab aus der „Gemeinheit" dazu erhielten, wurde eine besondere Grundsteuer erhoben.

In Groß Hansdorf beispielsweise ist in der Zeit von 1781–1806 dergestalt der Flächeninhalt der ersten Vollhufe (Sannmann) von 102⅓ Scheffeln auf 152½ Scheffel (=82,07 Hektar) gestiegen, der der zweiten Vollhufe (Wiese) von 100⅕ Scheffeln auf 150⅗ Scheffel (=81,03 Hektar), der der dritten Vollhufe (Paape) von 92 auf 140⅗ Scheffel (=75,70 Hektar), der der vierten Vollhufe (Steenbock) von 110⅗ auf 154⅗ Scheffel (= 83,22 Hektar), der der fünften Vollhufe endlich (Richter) von 70m ⅖ Scheffeln auf 128½ Scheffel (=69,54 Hektar). Noch beachtlicher war der Zuwachs der sechsten und siebenten Hufe, die aus alten Kätnerstellen erst zu Halbhufen

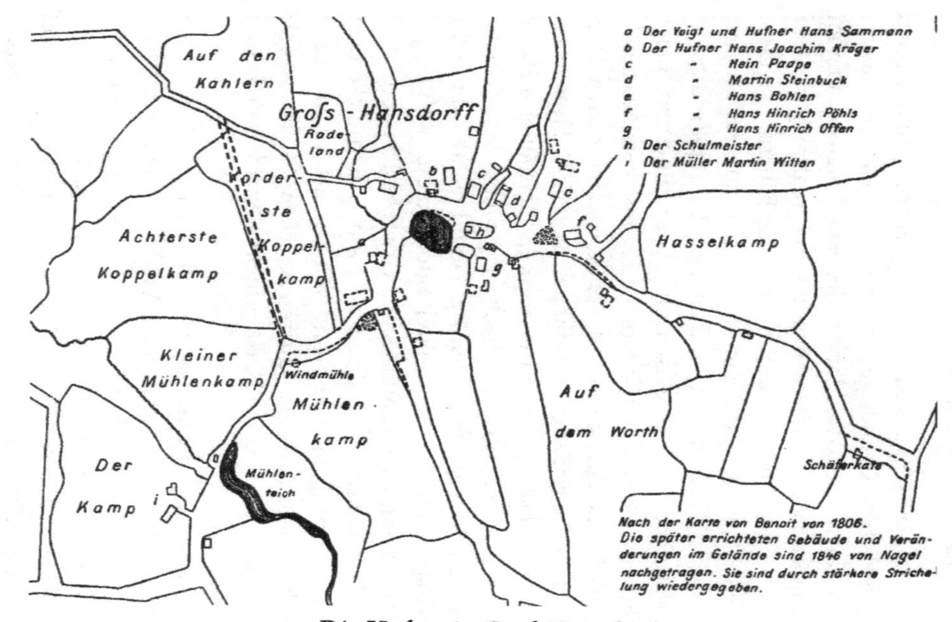


*Die Hufner in Groß Hansdorf*
*nach der Karte von Leutnant G. v. Beniot aus dem Jahre 1806*

Ausgezogen durch C. Völsch, Schmalenbek

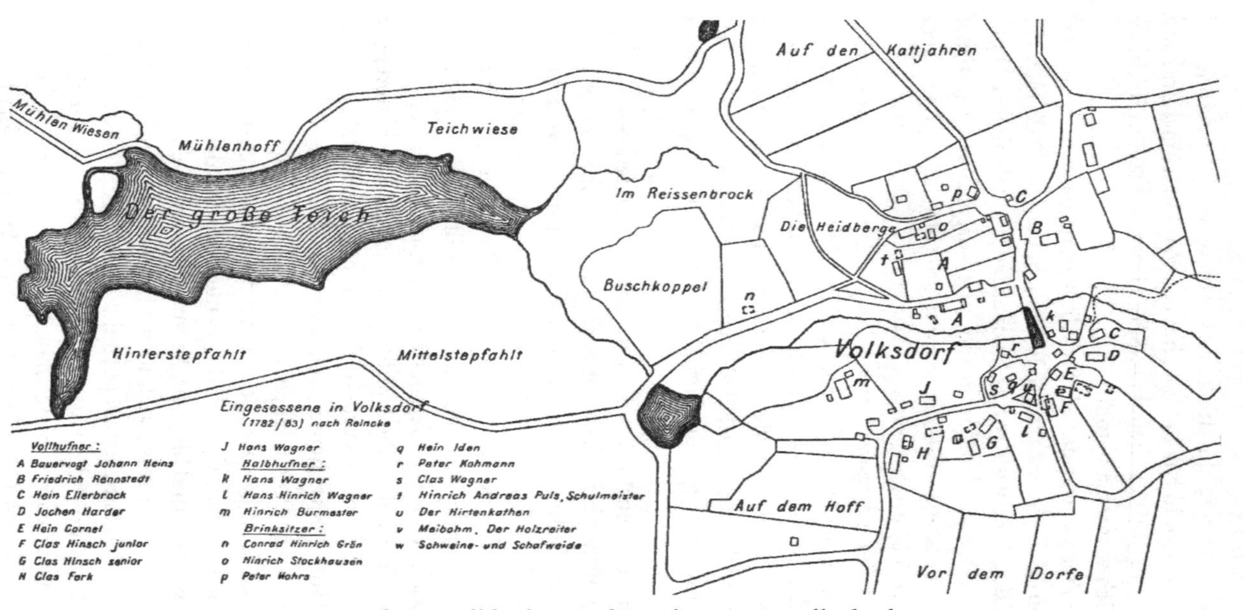


*Hufner, Halbhufner und Brinksitzer in Volksdorf nach der Karte von H. Reinke 1782/83*

Ausgezogen durch C. Völsch, Schmalenbek

erhoben worden waren, durch die Erwerbung von Gemeindeland aber von 62 ⅓ Scheffeln auf 114⅙ Scheffel (=61,43 Hektar) und von 45⅓ Scheffeln auf 109⅖ Scheffel (=58,89 Hektar), also um reichlich 100 Prozent sich vermehrt hatten.

In Schmalenbek gar war der Meyer'sche Hof bereits durch die Verkoppelung von 158⅖ Scheffeln auf 208¼ Scheffel (=112,08 Hektar) angewachsen, durch Erwerb zweier ehemaliger Schmalenbeker Halbhufen, die auch erst aus alten Kätnerstellen hervorgegangen waren, hat er sich nahezu verdoppelt (203,80 Hektar), mithin die heutige obere Erbhofgrenze weit überschritten.

Bei einigermaßen normaler Entwicklung hätten wir in Groß Hansdorf-Schmalenbek heute mindestens acht Erbhöfe erleben müssen. In Wirklichkeit aber hat nur einer von allen dieses Ziel erreicht, Heinrich Steenbock, der Besitzer der vierten Vollhufe, auch er nur mehr mit 24 Hektar, einem Drittel seines früheren stattlichen Besitzes. In den übrigen Walddörfern liegen die Verhältnisse entsprechend, fast noch ungünstiger.

In Volksdorf, das einst mit acht stattlichen Vollhufen seines Gleichen in den Walddörfern nicht hatte, sind die Familien Hinsch auf den Vollhufen A, F und G samt den Hufen fast ganz aus dem Ort verschwunden, ebenso die Familien Kohmann auf den Vollhufen B und C. Die Familie Harder und ihre Vollhufe D ist nahezu nicht mehr vorhanden. Die Familie Cornehl, die einst Vollhufe E besaß, ist in Volksdorf erloschen. Ihre Hufe aber ist wenigstens zum Teil in den 90er Jahren durchs Kauf an die Familie Mahr übergegangen und jetzt unter Paul Mahr Erbhof geworden. Die Familie Ferck (Claus Ferck Sohn) auf Vollhufe H sitzt heute noch auf ihrem Erbhof.

In Farmsen, wo die alten 6 Hufen sich bis in die Neuzeit behauptet hatten, ist es der Staat gewesen, der 1899 die ansehnlichsten Hufen A und B, sowie Teile von C, D und F namentlich aus der Hand von Robert Bull erworben und hier sein Versorgungsheim, ein Werk- und Armenhaus von großem Ausmaß und mit landwirtschaftlichem Musterbetrieb, geschaffen hat. Daneben hat nur Otto Eggers, dessen Familie schon vor 250 Jahren die Hufe E, den ehemals von Hutlen'schen Besitz, durch Kauf erworben hatte, dieses altväterliche Erbe auf unsere Tage gebracht und zum Erbhof erhoben. Auch Wohldorf hat keinen

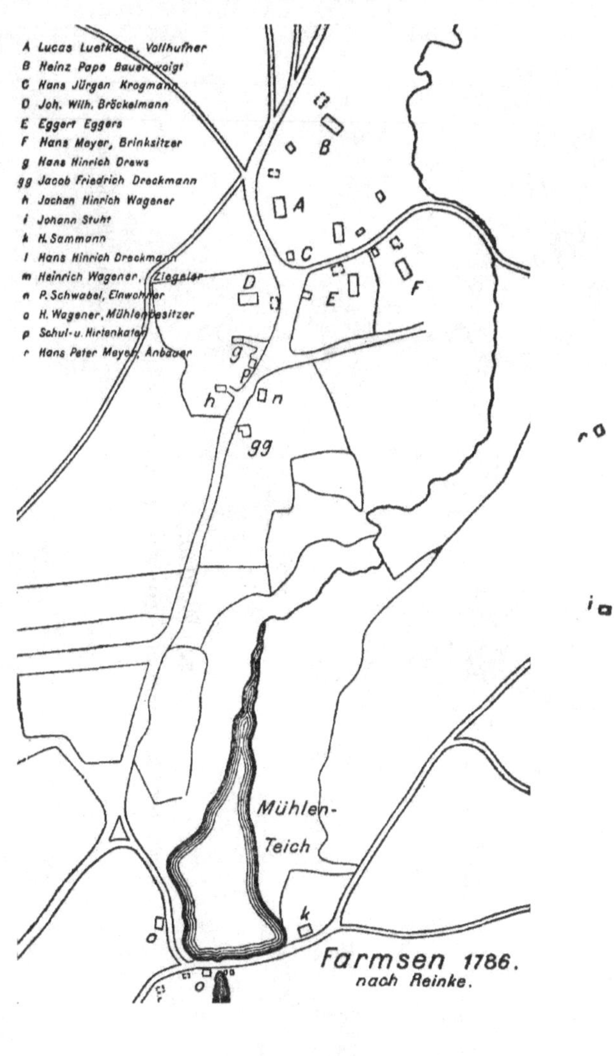


*Hufner und Brinksitzer in Farmsen*
*nach der Flurkarte von H. Reinke; vom Jahre 1786*

Ausgezogen durch C. Völsch, Schmalenbek

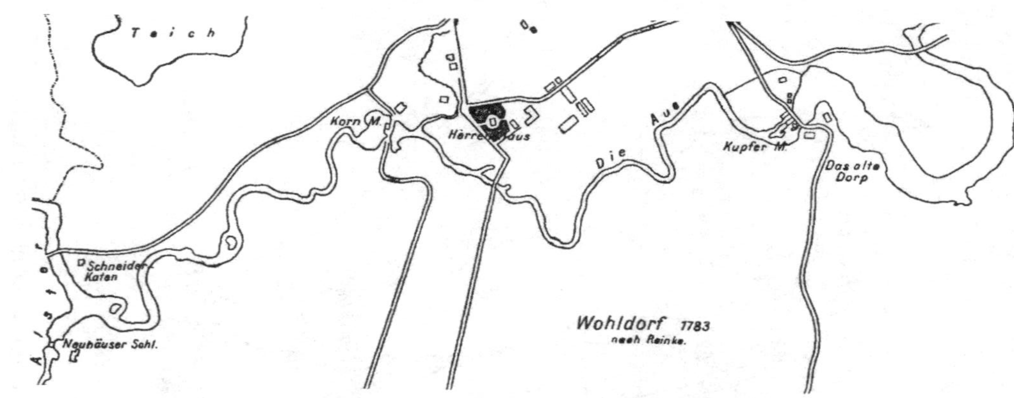


*Plan von Wohldorf*
*nach der Karte von H. Reinke vom Jahre 1783*

Ausgezogen durch C. Völsch, Schmalenbek

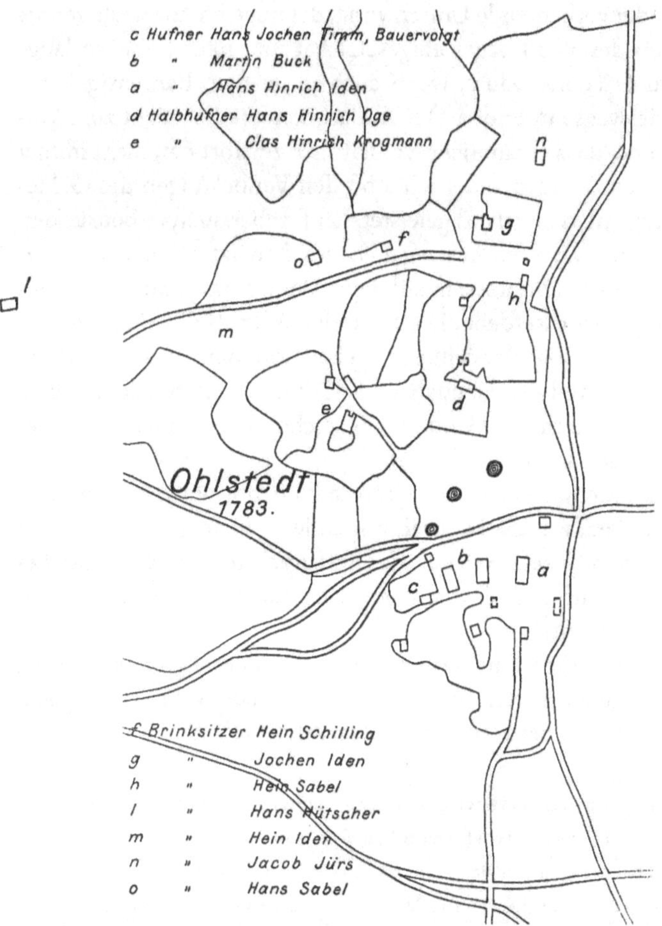


*Hufner, Halbhufner und Brinksitzer in Ohlstedt im Jahre 1783*

Ausgezogen aus der Flurkarte von Johann Theod. Reinke
durch T. Völsch, Schmalenbek

Erbhofbauern; das ehemalige Gut gehört einer Bodengesellschaft. In Ohlstedt gibt es keine Hufen und Hufner mehr; deren altes Land ist in der Hand von Terraingesellschaften.[35]

Woher der verheerende Umschwung, der ungefähr zwei Jahrzehnte vor Beginn des Weltkrieges eingesetzt hat und heute, ebenso lange nach dem Friedensschluss, wenn auch in gewisse Bahnen geleitet, doch keineswegs am Ende ist? Man darf dem Siedler nicht zum Vorwurf machen, dass er ländliche Verhältnisse zerstört hat, nicht immer vielleicht dem Landwirt, der wohl oft den Verlockungen des Geldes nicht genügend Widerstand geleistet, häufig aber auch in bedrückender Lage keinen anderen Ausweg mehr gesehen hat, als den einer Veräußerung ererbten Besitzes. In höherem Maße muss Schuld jedenfalls bei denen gesucht werden, die als einzelne oder als Gesellschafter, in wilder oder in stiller vorsichtiger Spekulation, den Boden selbst zu einem Gegenstand des Handels und des Gewinnes gemacht haben, der doch nur durch der Hände Fleiß solchen Gewinn als Segen des Himmels tragen sollte.

Denn der Siedler, der aus der Großstadt flüchtig wird, um unmittelbar zu genießen, was die Natur ihm spenden will, folgt wie der Bauer selbst höherem Gesetz. Solchen Gesetzes höchste Erfüllung würde es sein, wenn er mit dem Ziele und der wenn auch fernen Möglichkeit des Erbhofs siedelte!

In richtiger Erkenntnis der ungeheuren Bedeutung einer planmäßig nach seinen Vororten und namentlich seinen Walddörfern geleiteten Siedlung hat der Hamburger Staat schon vor mehr als 30 Jahren

35 Zum Vergleich über die Wirkung der Erbhofeinrichtung im übrigen Deutschland ziehe ich wieder Thüringer Ziffern heran, nicht weil sie etwa die günstigsten, sondern mir am leichtesten erreichbar sind und außerdem sich gut den oben über die Forsten gegebenen Vergleichsziffern anreihen. Im Landkreis Meiningen, der vier kleine Kreise (Meiningen, Ostheim, Bad Salzungen, Wasungen) umfasst, war die Anzahl der für das Erbhofgesetz in Betracht kommenden Betriebe zwischen 7½–125 Hektar im Jahre 1933 755. Der Durchschnittswert je Hektar lag zwischen 465 RM. (Oberkatz) und 1210 RM. (Nordheim v.d.R.). Sechs Betriebe schieden aus, weil über 125 Hektar groß. Zur Ackernahrung für eine Familie galten im Durchschnitt als ausreichend 10–12 Hektar. Als Erbhöfe anerkannt wurden aus jener Gesamtzahl von 755 nicht weniger als 344, das sind 45,56%.

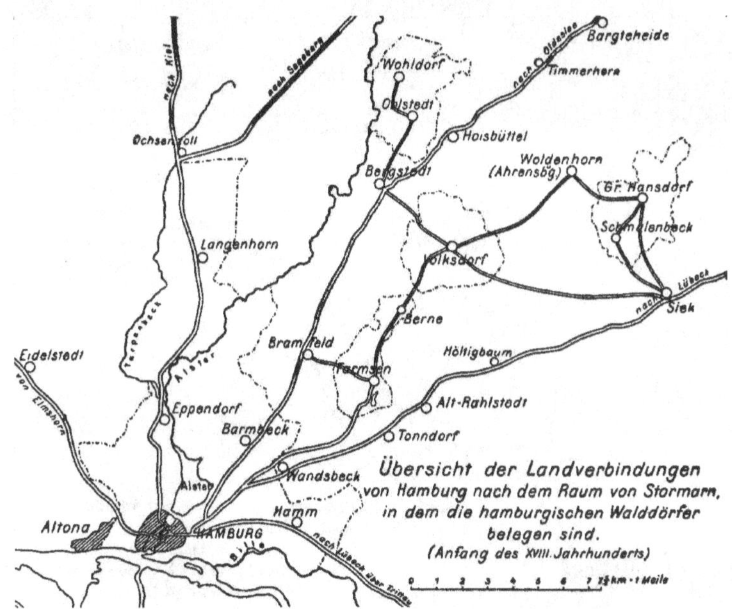


*Übersicht über die hamburgischen Walddörfer und ihre alten Wegeverbindungen mit Hamburg*

Zeichnung von C. Völsch, Schmalenbek

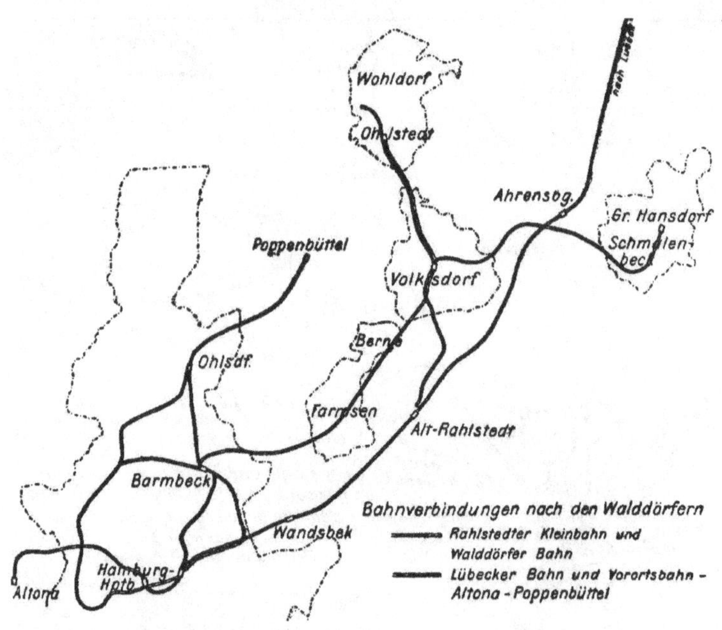


Bahnverbindungen nach den Walddörfern

an der Herstellung und fortgesetzten Verbesserung der Verkehrsmittel gerade in dieser Richtung gearbeitet und erhebliche Mittel für diesen Zweck gespendet.[36]

Nachdem schon im Jahre 1898 Grundbesitzer in Volksdorf angeregt hatten, Volksdorf durch den Bau einer Dampfstraßenbahn von Alt Rahlstedt nach Volksdorf aufzuschließen, die Normalspur erhalten und mit durchgehenden Wagen dem Personen- und Güterverkehr dienen sollte, ist es im Jahre 1903 zum Abschluss eines Vertrages zwischen der Finanzdeputation in Hamburg und der Firma Gebrüder Körting in Hannover gekommen. Die Firma verpflichtete sich zum Bau einer vollspurigen, elektrisch zu betreibenden Kleinbahn von Alt Rahlstedt nach Volksdorf, zu deren Betrieb ihr der Staat, außer der unentgeltlichen Überlassung des Staatsgrundes, die Genehmigung für 50 Jahre bis zum Jahre 1957 erteilte und für die ersten 10 Jahre einen jährlichen Zuschuss von 4000 Mark zahlte; andererseits aber legte er ihr die Weiterführung der Bahn bis Wohldorf auf. So konnte schon am 29. September 1904 die Abnahme der fertiggestellten Bahnstrecke und am 1. Oktober die Eröffnung für den Personenverkehr erfolgen. Die Fahrzeit von Hamburg nach Alt Rahlstedt betrug 22 Minuten, hier wurde eine Umsteigefrist von 5 Minuten eingeschoben, die Fahrzeit von Alt Rahlstedt nach Volksdorf belief sich auf weitere 20 Minuten, sodass die ganze Fahrtdauer von Hamburg Hauptbahnhof bis Volksdorf auf rund 45 Minuten kam.

Die Verlängerung der Strecke bis Wohldorf ist dann mit derselben Firma im Anschluss an den ersten Vertrag und unter entsprechenden Bedingungen durchgeführt worden. Am 1. Mai 1907 konnte auch hier der Betrieb eröffnet werden.

Die Gesamtkosten für die Erbauung der Bahn stellten sich auf 1 679 120 Mark. Am 14. Dezember 1912 wurde das Unternehmen in eine Aktiengesellschaft umgewandelt mit einem Aktienkapital von 1 540 000 Mark unter Beteiligung des hamburgischen Staates in Höhe von 770 000 Mark. Infolge der Geldentwertung durch die Inflation machte sich eine Erhöhung des Aktienkapitals um 7 000 000 Mark

---

36 Die nachfolgenden Angaben über die Alt-Rahlstedter Kleinbahn und die Walddörferbahn verdanke ich der freundlichen Vermittlung von Herrn Finanzamtmann Bruno Stelzner.

notwendig, von denen der hamburgische Staat wiederum die Hälfte übernahm. Da nach der Eröffnung der Walddörferbahn der Verkehr auf der Kleinbahn immer weiter zurückging, wurde der Personenbetrieb auf der Strecke Rahlstedt-Volksdorf am 15. April 1923 stillgelegt. Nachdem dann die Walddörferbahn auch auf der Strecke Volksdorf-Ohlstedt in Betrieb genommen worden war, erfolgte hier gleichfalls die Einstellung des Verkehrs am 1. Februar 1925. Seit dem 1. April 1934 führt die Hamburger Hochbahn-Aktiengesellschaft auf der Strecke Ohlstedt–Wohldorf den Betrieb der Kleinbahn. Der Güterverkehr wurde am 20. April 1934 stillgelegt. Die Gesellschaft wurde liquidiert und die Gleise zwischen Rahlstedt und Ohlstedt sowie das Güterstichgleise Volksdorf-Berne aufgenommen.

Die Verlängerung der Stadtbahn nach Ohlsdorf wurde für die Gemeinden im Alstertal wie für die dortigen Grundeigentümer der Anlass, bei der preußischen Regierung und bei der preußischen Staatsbahnverwaltung, die den Betrieb auf der Stadtbahn führte, um eine Fortsetzung der Stadtbahn über Ohlsdorf hinaus nach Wellingsbüttel und Poppenbüttel einzukommen. So wie sie sich davon eine schnellere Besiedlung des Gebietes der oberen Alstertalgemeinden versprachen, so erhoffte nunmehr auch Wohldorf von dieser sogenannten Alstertalbahn eine Aufschließung des Geländes über Poppenbüttel hinaus bis in seine unmittelbare Nachbarschaft. Der Gedanke, auf diesem Wege wenigstens eine seiner Enklaven der Besiedlung zu erschließen mochte Hamburg für einen Augenblick verlockend erscheinen. Es hat ihn rasch wieder fallen lassen, da seinen anderen Walddörfern damit nicht geholfen war und Volksdorf samt Ohlstedt nach wie vor auf die Kleinbahn mit dem unbequemen Wagenwechsel in Rahlstedt angewiesen blieb. Schon war es so weit gekommen, dass jeder nur sich selbst zu helfen suchte, wie denn die Gemeinde Groß Hansdorf-Schmalenbek mit der Lübeck-Büchener Eisenbahn-Gesellschaft in Verbindung getreten war, um diese zu veranlassen, eine Abzweigung vom Bahnhof Ahrensburg nach Groß Hansdorf zu bauen. Die Verhandlungen standen unmittelbar vor dem Abschluss. Da hielt es Hamburg für angebracht, eine einheitliche Bahnverbindung nach seinen Walddörfern selbst zu schaffen. Mit der Fertigstellung der Ringlinie der Hamburger Hochbahn boten sich Gelegenheit und Möglichkeit, durch eine einzige Abzweigung von

*Luftaufnahme von Groß Hansdorf-Schmalenbek*

Mit Genehmigung der hamburgischen Behörde für Technik und Arbeit (Vermessungswesen)

Am linken Rande des Bildes (Westseite) wird noch eine Villenstraße von Ahrensburg sichtbar (Parkallee, halbkreisförmige Straße). Die größere Waldfläche rechts davon ist die Eilshorst, davor die Grenze (Hopfenbach) des hamburgischen Gebietes. Auf der oberen Seite des Bildes erkennt man an der dunklen Tönung das Wiesental der hier ost-westlich fließenden Aue, die links den Hopfenbach aufnimmt. Die eine weiße Linie, die im Norden am Rande des Auetals sich hinzieht, ist die Wasserleitung der Wasserwerke Hamburg-Ost. Noch weiter nördlich begrenzen helle Ackerflächen, die schon zur Ahrensburger Feldmark gehören, den oberen Rand des Auetals. Etwa in der Mitte des Bildes ist die Waldburg zu erkennen. Von da aus südöstlich liegt am Ostrand des Bildes neben der Groß Hansdorfer Landstraße die Försterei. An der unteren Bildseite in der Mitte der Park Manhagen mit der dunklen Fläche des Sees. Ganz rechts unten südöstlich als heller Strich der Ihlendieksweg. Der links unten gegenüberliegende breite helle Strich gibt den Ahrensburger Redder (Ahrensburg-Meilsdorf) wieder, der schmale helle Strich rechts daneben die Sieker Landstraße.

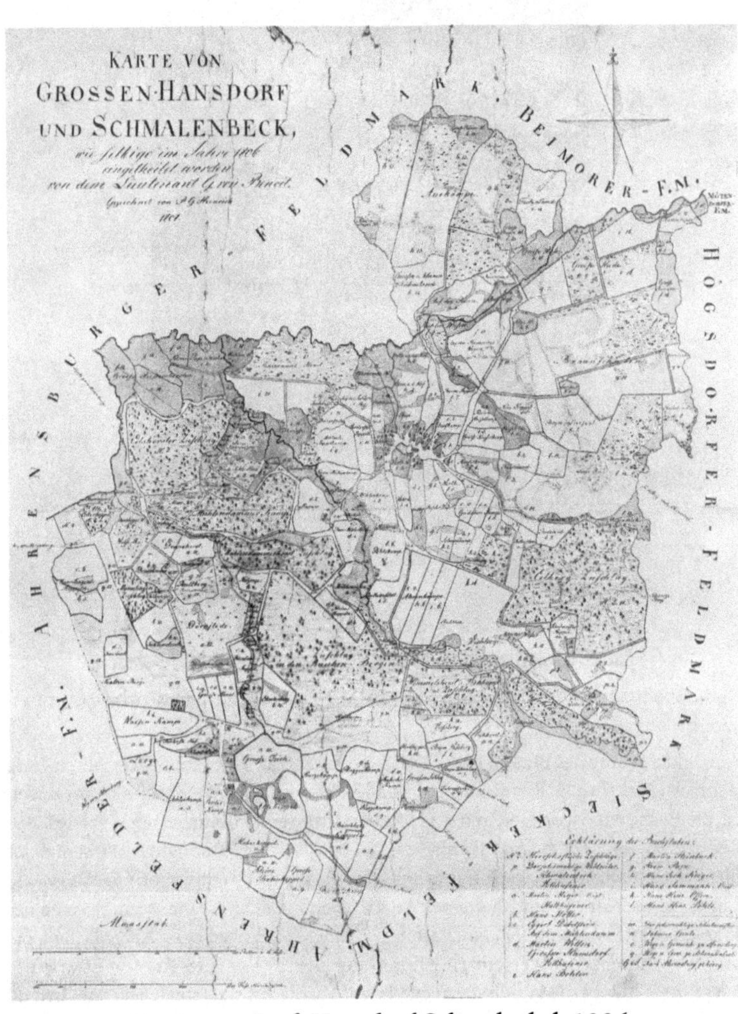


*Karte von Groß Hansdorf-Schmalenbek 1806*

Aufgenommen von dem Leutnant G. v. Benoit
(Staatsarchiv Hamburg)

hier aus alle Walddörfer auf einmal ihr anzuschließen. Die fünf Enklaven Farmsen, Berne, Volksdorf, Ohlstedt und Wohldorf konnten mit *einer* von Süden nach Norden geführten Bahnlinie glatt aneinandergereiht werden, für Schmalenbek und Groß Hansdorf bedurfte es einer Seitenlinie, die von Volksdorf aus geschaffen werden konnte.

Hamburg glaubte sein wichtiges Interesse an der Gestaltung des Fahrplanes und der Tarife nur dann gesichert, wenn die Bahn als rein hamburgisches Unternehmen gebaut würde. So legte der Senat der Bürgerschaft am 15. Januar 1912 einen Antrag auf den Bau der „Walddörferbahn" zur Mitgenehmigung vor. Die Kosten waren ohne die für den Grunderwerb aus 20,9 Millionen Mark veranschlagt. Davon sollte ein Teil von den Grundbesitzern der hamburgischen Walddörfer wieder hereingebracht werden, und zwar in der Gestalt, dass von jedem Grundstücksverkauf in den Walddörfern 50 Pfg. je qm, bei Grundstücken bis zu 1000 qm nur 25 Pfg. je qm als sogenannte Bahnrente erhoben wurden. Nachdem die Bürgerschaft am 21. Februar 1912 den Senatsantrag mitgenehmigt hatte, erwarb Hamburg von Preußen das Recht zur Enteignung des für den Bahnbau erforderlichen Grund und Bodens auf preußischem Gebiet und begann nach Erledigung der Vorarbeiten den Bahnbau, der während des großen Krieges zum Teil mit Kriegsgefangenen im Rohbau fertig gestellt wurde. Auf der Strecke Barmbek–Volksdorf wurde zunächst ein behelfsmäßiger Dampfbetrieb für den Personenverkehr eingeführt, der jedoch nach Abschluss des Waffenstillstandes wieder eingestellt werden musste, da die Lokomotiven, die belgische Kriegsbeute waren, wieder an die Feindbundmächte ausgeliefert wurden. Nunmehr schloss Hamburg einen Betriebsvertrag mit der Hamburger Hochbahn-Aktiengesellschaft ab, die hiernach den Betrieb auf der Walddörferbahn übernahm und dagegen die von ihr aufgewendeten Selbstkosten zuzüglich eines Zuschlages von 2 ½ v.H. vom Staate erstattet bekommt. Die Einnahmen aus der Bahn, an denen die Gesellschaft mit 2 v.H. beteiligt ist, fließen dem Staate zu. Seit 1934 führt die Hochbahngesellschaft den Betrieb der Walddörferbahn für eigene Rechnung gegen einen Zuschuss des Staates von jährlich 800 000 RM.

Der elektrische Betrieb wurde zunächst eingleisig aufgenommen und im Jahre 1923 bis Groß Hansdorf ausgedehnt. Am 1. Februar

1925 erfolgte die Aufnahme des elektrischen Betriebes auf der Strecke Volksdorf-Ohlstedt.

*Beförderte Personen auf Einzelkarten 1935*

| | Binnenverkehr | Nachbarverkehr | Durchgangsverkehr |
|---|---|---|---|
| an Werktagen | 720 879 | 203 066 | 1 489 957 |
| an Sonn- und Feiertagen | 435 981 | 113 903 | 711 872 |

*Insgesamt wurden Personen befördert*

| | |
|---|---|
| auf Einzelkarten | 3 675 658 |
| auf Wochenkarten | 2 715 338 |
| auf Zeitkarten | 464 863 |
| insgesamt | 6 855 859 |

*die eine Einnahme erbrachten von 869 384,68 RM.*

Für die nachfolgenden Einwohnerübersichten muss ich einige Bemerkungen vorausschicken. Zuverlässige Angaben über die Einwohnerziffern in den hamburgischen Walddörfern besitzt das Hamburgische statistische Landesamt erst seit dem Jahre 1885. Dabei zählt es *bis zum Jahre 1905* alle *Ortsanwesenden,* d.h. die am Zahltage tatsächlich Anwesenden, vom Jahre 1910 ab aber die Wohnbevölkerung, d.h. die am Zählungsorte wohnenden Personen, zu denen in Farmsen auch die Insassen des Versorgungsheims gerechnet werden.

Die Abweichungen in der Festschrift von Dibbert-Baalk (S.37/38 und S.29) erklären sich daher, dass die von diesen veröffentlichten Zahlen sich auf den Ortsteil Farmsen *ohne* das Versorgungsheim beziehen.

Für die Zeit *vor* 1885 sind mir nur drei Zählungslisten zu Gesicht gekommen. Die älteste „Aufnehmung der Volkszahl des Hamburgischen Staates, sowohl der Stadt als des Landgebietes, zum Behuf des Ansatzes des Hamburgischen Contingents in der Deutschen Bundes-Matrikel" ist von 1817 und 1818. Nach dieser Akte war die berichtigte Volkszahl des hamburgischen Staates im Mai 1818 auf 119 772 Seelen anzunehmen. Der Waldvogt J. W. Brinckmann schloss seine Zählung am 18. Januar 1818 zu Wohltorff mit dem Ergebnis von 809

| | Farmsen | Berne | Volksdorf | Ohlstedt | Wohldorf | Gr. Hansdorf | Schmalenbek | |
|---|---|---|---|---|---|---|---|---|
| 1784 | — | — | — | — | — | 130 | 50 | |
| 1786 | 139 | — | — | — | — | — | — | |
| 1810 | | — | — | — | — | 171 | 79 | |
| 1811 | 180 | — | — | — | — | — | — | |
| 23. 1. 1816 | 184 + 42 Dstb. | 21 + 5 Dstb. | 186 + 27 Dstb. | 144 + 15 Dstb. | 109 + 34 Dstb. | 126 + 21 Dstb. | 60 + 16 Dstb. | St. A. Hamb. |
| 1826 | 264 | — | — | — | — | — | — | |
| 1834 | 300 | — | — | — | — | — | — | |
| 1835 | 316 | — | — | — | — | — | — | |
| 1838 | 316 | — | — | — | — | 261 | | |
| 8. 10. 1840 | 349 | | 331 | 257 | 186 | 239 | 88 | St. A. Kiel |
| 1841 | 320 | — | — | — | — | — | — | |
| 1843 | 305 | — | — | — | — | — | — | |
| April 1853 | 365 (71 Ham.) | | 391 (79 Ham.) | 288 (54 Ham.) | 196 (32 Ham.) | 271 (57 Ham.) | 115 (22 Ham.) | St. Archiv Kiel |
| 1867 | — | — | — | — | — | 271 | 146 | |
| 1871 | 348 | — | — | — | — | — | — | |
| 1875 | 385 | — | — | — | — | — | — | |
| 1885 | 354 | 102 | 538 | 259 | 318 | 262 | 112 | Hb. St. L. A. |
| 1890 | 401 | 81 | 544 | 285 | 300 | 235 | 109 | . |
| 1895 | 472 | 72 | 590 | 293 | 293 | 222 | 111 | . |
| 1900 | 558 | 82 | 606 | 280 | 207 | 230 | 140 | . |
| 1905 | 1037 | 80 | 684 | 244 | 242 | 328 | 170 | . |
| 1910 | 1227 | 56 | 970 | 284 | 252 | 326 | 265 | . |
| 1913 | 1657 | 98 | 1209 | 329 | 271 | 359 | 349 | . |
| 1920 | 1733 | 132 | 1206 | 336 | 280 | 474 | 301 | . |
| 1925 | 2358 | 931 | 1754 | 476 | 391 | 632 | 422 | . |
| 1929 | 2873 | 1984 | 3470 | 840 | 347 | 693 | 736 | . |
| 1933 | 4031 davon Versorgungsheim 1339, also ohne dies. 2692. | 2215 | 4248 | 1041 | 434 | 731 | 902 | . |

*Einwohnerzahlen in den Hamburger Walddörfern*

Eingesessenen nebst 155 fremden Dienstboten für alle Walddörfer (ohne Hoisbüttel und Berne) ab.[37]

Die Bevölkerungszahlen vom Oktober 1840 und vom April 1855 dagegen verdanken wir dem dänischen Zollsystem, von dem im nächsten Kapitel ausführlicher die Rede sein wird. Diese Angaben, die wir hier nicht alle wiederbringen können, zeichnen sich durch weitgehende Einzelheiten aus. Sie unterrichten eben sowohl über den Stand, das Alter und die Herkunft; sie geben auch für jede Familie die Art der Wohnung, ob Hufengebäude, Brinksitzer- oder Kätnerhaus, Altenteils- oder Amtsgebäude, verzeichnen die Insassen eines jeden Hauses, nennen die Kinder, die Dienstboten, die Gewerbetreibenden, ob Meister, Werkführer oder Gesellen, alle mit sämtlichen Vornamen.[38]

Als *Grundflächen der einzelnen Walddörfer* gebe ich noch die Ziffern, die ebenfalls dem Hamburger Statistischen Landesamt entstammen: *Farmsen* mit *Berne* 721,59 Hektar, *Volksdorf* 1 157,87 Hektar, *Wohldorf* mit *Ohlstedt* 1 175,74 Hektar, *Groß Hansdorf* mit *Schmalenbek* 1 112,89 Hektar, zusammen 4 168,09 Hektar.

### *g) Die Walddörfer als Fremdkörper im dänischen Zollgebiet (Holstein)*

Die hamburgischen Walddörfer sind von all den *Kriegen*, die den deutschen Norden berührt und heimgesucht haben, nicht unmittelbar in Mitleidenschaft gezogen worden. Was darüber in Quellen zweiter und dritter Ordnung berichtet wird, ist mehr oder weniger künstlich aufgebauscht oder ganz ins Gebiet der Sage und Legende zu verweisen. Damit soll natürlich nicht gesagt sein, dass sie nicht mittelbar unter den Kriegsnöten, die Holstein betrafen, auch zu leiden gehabt haben, sei es durch Verheerung ihrer Waldungen wie 1713 das Hamburg und der damaligen Heerstraße näher gelegene Farmsen, sei es durch die allgemeinen Folgen jedes Krieges wie Hungersnot, Teuerung und

37 Hamburger Staatsarchiv Cl. I Lit. Sc No 2 Vol. 8, 15. Die Zahl für Berne stammt aus einem anderen Verzeichnis (Vol. 9, 13) des Vogtes Franz Bockholdt zu Kleinborstel und Struckhold vom 12. Febr. 1818.

38 Staatsarchiv Kiel, Zollanschluß der Hamburger Enklaven, Abt. 68/Nr. 378.

schwere steuerliche Belastung. Es ist zur Genüge bekannt, dass nach der Schaffung des Departements der Elbmündungen, dessen Generalgouverneur im Jahre 1811 Marschall Davout wurde, alle Walddörfer eine Mairie bildeten, die zum Kanton Hamm gehörte und dass der damalige Schmalenbeker Vogt, Martin Meyer, sie in der französischen Kommunalverwaltung zu vertreten hatte. Dieser Kriegszustand, der letzte, den die Walddörfer aus der Nähe erlebten, endete mit dem Abzug Davouts, der die Stadt Hamburg am 31. Mai 1814 den verbündeten Preußen und Russen übergeben hat.

Schon vor diesem Tage hatte der königlich dänische Zollverwalter zu Oldesloe die Wiederherstellung des freien Warenverkehrs in den Herzogtümern Schleswig und Holstein und namentlich die der zollfreien Durchfuhr (Transitfreiheit) aller zwischen Lübeck und Hamburg, über Oldesloe gehenden Waren bekannt gegeben. (18. April und 20. Mai 1814).

Die Transitfreiheit haben die Städte Hamburg und Lübeck als ein seit dem Mittelalter kraft kaiserlicher Privilegien ihnen zustehendes, durch die Grafen von Holstein und deren Nachfolger wiederholt anerkanntes und bis auf die Neuzeit hergebrachtes Recht, eine sogenannte Staatsservitut, d.h. die Verpflichtung eines Staates zugunsten eines anderen, eifersüchtig gehütet und mit einem Nachdruck behauptet, der der Überzeugung entsprang, dass sie ein für sie beide, vor allem für Lübeck, lebenswichtiges Interesse bedeute.[39] Aus der Beseiti-

39 Nicht von alters, sondern seit etwa dem Ausgang des 16. Jahrhunderts ist der sogenannte Farmsener Zoll, eine Wegegelderhebungsstätte am Ostausgange des Dorfes, entstanden. Auch hier ging es ursprünglich um den Versuch des Landesherrn, des Herzogs von Holstein, die von Hamburg eifersüchtig gewahrte Zollfreiheit durch holsteinisches Gebiet mit der Anlage von Zollstätten zu durchbrechen. Diese Unternehmungen scheiterten regelmäßig an dem Widerspruch Hamburgs und endeten dann damit, dass die geplanten Zollstätten als Wegegeldhebungsstellen für kürzere Strecken sich bescheiden mussten. So hatte im Jahre 1610 Herzog Johann von Schleswig-Holstein in seiner Antwort auf eine Beschwerde Hamburgs über Schlagbäume, die zu Hinschenfelde und Farmsen errichtet worden waren, und über einen daselbst angelegten Zoll die Schlagbäume entschuldigt, weil sie zur Verhütung der in seinen Waldungen geschehenen vielfältigen Holzdiebereien hätten aufgerichtet werden müssen, den Zoll aber damit, dass er lediglich von seinen eige-

gung dieser Transitfreiheit, die Dänemark in der Folge durchführte, entstand jener, mehrere Jahre währende Kampf zwischen Hamburg und Lübeck einer- und dem Königreich Dänemark andererseits, in welchem es zunächst um die Verkehrsfreiheit der Walddörfer ging, dann aber auch ihr ferneres Verbleiben bei Hamburg ernstlich in Frage gestellt wurde. Es ist dies, wenn auch nur auf zollpolitischem Gebiet, m. W. der einzige Krieg, den die Walddörfer an sich selber erlebt und durchgemacht haben, mit allen Erschütterungen einer schweren wirtschaftlichen Krise. Nach einem von 1857 bis 1840 währenden Kampf ist dieser Krieg durch einen Zollfrieden zwischen Hamburg und der dänischen Regierung beendet worden, der den Anschluss der Walddörfer an das dänische Zollsystem oder ihre Einverleibung in das Holsteinische Zollgebiet bedeutete, die von 1840 bis 1864 dauern sollte.

Es lohnt sich wohl, einen Blick in die Zeit dieses zollpolitischen Kampfes zu tun, in dem das Ausland so unmittelbar die Schicksale unserer Walddörfer beeinflussen konnte, und in welchem zugleich die Politik Hamburgs, die die Abwehr solchen Einflusses versuchte, eine neue, bisher kaum bekannte Beleuchtung erfährt.[40] Vorangeschickt

---

nen Untertanen als Schadenersatz für das unziemlich gehauene Holz gefordert werde. Schon im Jahre 1571/72 war eine solche Streitsache bis an den Reichshofrat gegangen und wie fast immer grundsätzlich zugunsten Hamburgs entschieden worden. Schließlich überzeugte sich die Stadt wohl, dass der Herzog von Holstein und sein Amtmann zu Trittau mit ihrer für ein Wegegeld erklärten Abgabe, wenn sie auch mitunter mit dem Namen eines Zolles belegt ward, doch keine Abgabe von Waren, sondern nur eine angemessene Vergütung für die Erhaltung der Landstraße beabsichtigten. Das mochte den Reichsgesetzen entgegen sein, unbillig war es nicht. Noch im 18. Jahrhundert zahlte eine mit 4 Pferden passierende Reisekutsche so viel wie ein mit 8 Pferden bespannter Frachtwagen.

40 Die Umstände, die mich zwangen, dieses Kapitel fern von Hamburg zu schreiben, brachten es mit sich, dass mir die Quellen des Kieler Staatsarchivs früher zu Gesicht kamen und erschöpfender von mir ausgewertet werden konnten als die des Staatsarchivs Hamburg. Ich hoffe nicht, dass der hamburgische Standpunkt dadurch zu kurz gekommen ist, wenn ich auch nicht verhehlen kann, dass nach meinem Empfinden die politische Führung Hamburgs und Lübecks in dieser Zollsache wenig glücklich war. Außerdem schulde ich Herrn Regierungsrat Th. Hansen, einem bewährten Fachmann in der Geschichte unseres Zollwesens für liebenswürdige Auskunft, namentlich in zolltechnischen Fragen, Dank.

sei, dass im Königreich Dänemark eine schon seit dem Kieler Frieden (14. Januar 1814) bestehende nationale Reaktion gegen das Übergewicht deutscher Bildung und Literatur, deutschen Geistes in der Staats- und Geschäftsleitung, nach Friedrichs VI. Tod (3. Dezember 1839) in offener Opposition sich gegen die Regierung wandte und mit der Partei der Eiderdänen den überall vorherrschenden deutschen Einfluss bekämpfte. Es ist nur eine Seite dieser Politik, wenn das Kgl. Departement für auswärtige Angelegenheiten, das schon seit 1835 die Vorschiebung der Zollgrenzen an die Landes- d.h. holsteinischen Grenzen und damit die Aufhebung der von den Hansestädten seit alters genossenen Transitfreiheit durch Holstein ernstlich erwogen hatte, im Jahre 1837 durch seinen Hamburger Ministerresidenten an den Senat der Hansestadt herantrat mit dem Vorschlag von Verhandlungen über den Anschluss der hamburgischen Enklaven an das dänische Zollsystem. Dabei beobachtete es indessen die Vorsicht, seinen Hamburger Vertreter zu warnen, ja nicht diesen Anschluss der Enklaven von Hamburg mit der Frage des Transitzolles verquicken zu lassen, da zu befürchten stand, dass der Senat den Anschluss verzögern oder hindern werde, um schließlich mit einem Nachgeben an dieser Stelle, für seine Interessen weit wertvollere dänische Zugeständnisse auf dem Gebiet der Transitfreiheit zu erhalten. Die Enklaven, so ließ die dänische Regierung wissen, böten weder an Umfang noch an Volkszahl noch in ihren Verkehrsverhältnissen oder ihrer örtlichen Belegenheit Gründe, die weitere Zugeständnisse auf dem Gebiet des Anschlusses rechtfertigen könnten.

Am 25.August 1838 brachte der Gesandte der freien Hansestädte beim Bundestag im Namen von Lübeck und Hamburg die Beschwerde gegen die Königlich Dänische Regierung vor: es stehe im Widerspruch zum Artikel 10 der Bundesakte und zu der bisher von Dänemark selbst geübten Handhabung seines Zollwesens, wenn das Königreich das seit Jahrhunderten auf den Hamburg und Lübeck verbindenden Straßen von Durchgangszöllen völlig befreite holsteinische Gebiet plötzlich mit Transitabgaben belaste, die für den Handel untragbar seien und einer Vernichtung des Warenverkehrs gleich kämen. Die beiden Städte glaubten sich mit ihrem Rechte der durch kaiserliche Privilegien begründeten, von allen späteren Landesherren anerkannten und bestätigten Zollfreiheit im Besitze einer wohlerworbenen Staatsservitut. Da sie diese nunmehr verletzt sähen, riefen sie die Hilfe der Hohen Bundesversammlung an, nachdem ihre Hoffnung auf den Gerechtigkeitssinn der dänischen Regierung und die Abstellung ihrer Rechtsverletzung sich nicht erfüllt habe. Vielmehr drohe die am 1. Mai 1838 veröffentlichte dänische Zollverordnung, die mit dem Jahr 1839 in Kraft treten sollte, für die in Holstein eingeschlossenen fremden Gebietsteile, also eben die hamburgischen Enklaven, die Erhebung einer der Eingangsabgabe gleichen Durchgangsabgabe, d.h. eine Verdoppelung der tarifmäßigen Zollgebühr an, Der Gesandte der Hansestädte schloss seine Beschwerde mit der Bitte, die Bundesversammlung möchte, bis eine Rechtsentscheidung herbeigeführt sei, den beiden Hansestädten vorläufigen Schutz gegen die angekündigten dänischen Zollmaßnahmen gewähren. Nur sofortiges Einschreiten des Bundes vermöchte unter den streitenden Staaten den *Frieden auf einer Heerstraße aufrecht zu erhalten*, welche die Städte Lübeck und Hamburg von alters her mit angestrengter Sorgfalt *gegen jede Störung des Handelsverkehrs sichergestellt hätten* und auf welcher sie weder ihre zahlreichen Frachtführer noch die Bewohner ihrer Enklaven zu gutwilliger Erlegung *angemaßter Abgaben* für verpflichtet erklären könnten. Zudem handle es sich in der bislang unangefochtenen Zollfreiheit der Städte Lübeck und Hamburg um einen Jahrhunderte alten Besitzstand, dessen Gefährdung durch den beabsichtigten Transitzoll den Warenverkehr auf andere Wege, größtenteils sogar außerhalb Deutschlands lenken würde.

Der dänische Gesandte für Holstein beim Bundestage schien von dieser Beschwerde überrascht und war daher ohne Weisung von Seiten seines Hofes, erklärte es aber auch jetzt schon als außer dem Bereich der Möglichkeit liegend, dass Hamburg und Lübeck es sich herausnehmen könnten, das Souveränitäts- und Gesetzgebungsrecht Seiner Majestät in dänischen Landen beschränken zu wollen. Geradezu als Prätension bezeichnete er es, dass die beiden Städte, weil sie vor Einführung einer neuen Zollgesetzgebung die Landstraßen eines anderen Bundesstaates ohne Erlegung von Transitabgaben hätten benutzen dürfen, jetzt unter Berufung auf eine angebliche Staatsservitut sofortiges Einschreiten der Bundesversammlung forderten, um den Frieden auf einer Heerstraße aufrecht zu erhalten, den bisher nur sie durch alle die Jahrhunderte sichergestellt hätten. Die Städte, fuhr der Gesandte fort, hätten in den dänischen Staaten nie etwas sicherzustellen gehabt, die Heerstraße früher so wenig als jetzt den Frieden darauf, den die Königliche Regierung vor jeder Störung, wie sie jetzt von den beiden Städten beabsichtigt erscheine, durch hinreichende Maßregeln der Wegepolizei zu bewahren wisse werde. Als ganz unangemessen verbat sich schließlich Herr von Pechlin den Ausdruck angemaßter Abgaben für die von seiner Regierung erhobenen Zölle, deren Berechtigung aus der Landeshoheit geflossen sei und von Dänemark niemals einer gerichtlichen Erörterung unterstellt werden würde. Die ganze Beschwerde sei so unzulässig, dass der Gesandte sie nur aus Rücksicht auf die Hohe Bundesversammlung, ohne doch deshalb deren Zuständigkeit in dieser Frage anzuerkennen, seinem Hofe vorlegen werde.

In dieser Zeit höchster Spannung nun, es war das letzte Viertel des Jahres 1838, da sich die beiderseitigen Auffassungen unversöhnlich und unvereinbar gegenüberstanden, erschien oder erschien vielmehr nicht, sondern wurde bloß zu einem bestimmten politischen Zweck hergestellt, ein Buch, dessen Verfasser unbekannt blieb. Es betitelt sich mehr amts- als buchmäßig: „Abdruck der das Recht der freien Städte *Lübeck und Hamburg* auf Fortdauer des zollfreien Transit-Verkehrs zwischen beiden Städten durch das *Holsteinische Gebiet* betreffenden *Urkunden*." 4°. Druckort ist nicht genannt. Dem im Titel angekündigten Inhalt, der auf 158 Seiten geboten wird und von Kaiser Friedrichs I. Freibrief für die Stadt Lübeck vom 19. September 1188 bis zu dem Schreiben des Oldesloer dänischen Zollverwalters Decker vom 20. Mai 1814 reicht, wird eine Zusammenstellung des Resultates der Urkunden vorausgeschickt, die auf S.XXXIV mit den lapidaren Sätzen schließt:

„Diese von den Städten Lübeck und Hamburg somit wohlerworbene Staats-Servitut ist auf der durch die … Aemter Trittau und Reinbeck führenden Landstraße niemals gestört worden und hat auch auf der Landstraße … über Oldesloe nur einmal eine kurze Unterbrechung erlitten, welche sofort nach Erwirkung eines Reichsgerichtlichen Mandats gehoben wurde. Es sind ferner die Städte Lübeck und Hamburg noch jetzt (1838) auf beiden Straßen vollkommen frey vom Transitzolle und haben nur ein geringes aus dem ursprünglich vertragsmäßig begründeten Geleite entsprungenes Wegegeld zu erlegen. Es ist endlich diese Freiheit des Transitverkehrs zwischen den Städten Lübeck und Hamburg selbst durch die neuesten, noch jetzt gültigen Zollverordnungen für Holstein ausdrücklich ausgesprochen worden, und somit offenbar, daß sich beide Städte noch jetzt in rechtmäßigem Besitz jener Servitut befinden."

Die ganze Anlage des Buches, das wohl nach streng wissenschaftlichen Grundsätzen aufgebaut, aber doch mit keinem wissenschaftlichen, sondern mit einem politischen Zwecke geschrieben ist, sein anonymer und doch hochoffizieller Charakter, endlich der Umstand, dass es, soviel ich feststellen konnte, in öffentlichen Bibliotheken oder auf buchhändlerischem Wege nur schwer aufzutreiben ist, machen es mir zur Gewissheit, dass es auf Veranlassung höchster Behörden, nämlich der Senate von Hamburg und Lübeck, verfasst,[41] in beschränkter Auflage gedruckt und von den Vertretern der Hansestädte am deutschen Bundestage allen Regierungen dieses Staatenbundes zugestellt worden ist. Das sollte der erste Schritt sein, dem dann der zweite einer Intervention des Bundes bei der Kgl. dänischen Regierung hätte folgen sollen. Um eine solche zu erreichen, kam es darauf an, zunächst die Mächte mit der Frage der Transitfreiheit bekannt zu machen und den dänischen Transitzoll als eine brutale Verletzung uralter deutscher Rechte zu brandmarken.

Auf diesem Wege und zu diesem Zwecke ist jenes Exemplar des Werkes, das heute in der Bibliothek des Thür. Staatsarchivs zu Meiningen sich befindet, dem Vertreter der Großherzoglich und Herzoglich Sachsen-Ernestinischen Regierungen, dem Grafen Beust, am Deutschen Bundestage zu Frankfurt übergeben, von dem damaligen

41 Als die Verfasser, die das in den beiderseitigen Archiven in unendlicher Fülle vorliegende urkundliche Material auszusuchen und zusammenzustellen, aber mich von außen bei, namentlich von Kopenhagen einschlägigen Stücke heranzuziehen hatten, kommen nur die beiden ersten Fachleute, der ausgezeichnete Hamburger Archivar Johann Martin Lappenberg und sein Lübecker Kollege in Betracht. Beteiligt an den beim Bundestag gemachten Handelsrechtsgeschichtlichen Eingaben ist ferner der Göttinger Universitätsprofessor für Handelsrecht, Johann Heinrich Thöl, ein geborener Lübecker, der im Jahre 1839 im Auftrag der Hansestädte ein Gutachten zur Rechtsfrage erstattet hat.

meiningischen Minister aber ohne viel Aufhebens der Herzoglichen Geschäftsbibliothek überwiesen worden, in der es bis zum Jahre 1924, als es an das Archiv überging, anscheinend unbemerkt geruht hat.

Es ist nicht anzunehmen, dass das Schicksal der übrigen damals an die deutschen Länderregierungen gelangten Bücher wesentlich verschieden von dem des Meininger Exemplars verlaufen ist, und es gereicht mir zur freudigen Genugtuung, dass es mir bei meiner Bemühung um die Vergangenheit unserer hamburgischen Walddörfer gelungen ist, ein sie so nahe angehendes literarisches Stück ihrer tragischen Geschichte bestaubter Vergessenheit zu entreißen. Denn erwähnt sind unsere Walddörfer in jenem Buch mit keinem Wort. Das würde auch gar nicht in der größeren Linie der damaligen Politik Hamburgs gelegen haben, der es zunächst ausschließlich darum ging, seine und Lübecks uralte Verkehrsfreiheit durch Holstein zu retten. Da durften die Walddörfer als eine, wie die dänische Regierung immer wieder hervorhob, für Hamburg *„ganz unbedeutende Angelegenheit"* billig verschwiegen werden. Ja, man ging, wie die Folgezeit lehrt, in dieser Hinsicht noch weiter. Man war in Hamburg bereit, nicht nur den Anschluss der Walddörfer an das dänische Zollsystem gutzuheißen, sondern sogar die Walddörfer selbst preiszugeben und ihre völlige Einverleibung in das dänische Holstein im Wege eines Austausches zu gestatten, hätte man nur damit die holsteinische Transitfreiheit zurückgewinnen können.

Das Vorstehende war geschrieben, als ich Einsicht in die Bundestagsberichte des gemeinschaftlichen Gesandten des Großherzoglichen und Herzoglich Sachsen-Ernestinischen Gesamthauses, des Grafen Beust (vom Januar 1820 bis 2. Oktober 1840), sowie die Protokolle der Deutschen Bundesversammlung nahm und darin meine oben geäußerten Vermutungen so völlig bestätigt fand, dass ich Wort für Wort unverändert stehen lassen konnte.

Die am 23. August 1838 in der 21. Bundestagssitzung vorgetragene Beschwerde der freien und Hansestädte Hamburg und Lübeck gegen die Königlich Dänische, Herzoglich Holsteinische Regierung wegen eines von letzterer angelegten Transitzolles ist am selben Tage zur Begutachtung einem aus den Gesandten von Österreich, Baden und Kurhessen zusammengesetzten Ausschusse zugestellt worden. Nachdem in den nächsten Sitzungen Erklärungen des dänischen Gesandten von Pechlin und neue Klagen Hamburgs und Lübecks gehört, auch dem Wunsche der dänischen Regierung, Presseerörterungen in dieser Sache zu unterlassen, in vertraulicher Abrede stattgegeben war, überreichten am 19. Oktober d.J. die beiden Hansestädte jenen uns hinlänglich bekannten Abdruck der den freien Transit betreffenden Urkunden, von denen sie auf Verlangen auch die Originale vorzulegen sich erboten. Der dänischen Erwiderung am 31. Oktober folgte dann endlich am 15. November „der gar wohl verfaßte Vortrag der Commission" aus der Feder des Kgl. Baierischen Gesandten, worauf der nach Graf Beust's Erachten erfreuliche Beschluss gefasst wurde, den er leider etwas unklar wiedergibt: „da die von Dänemark bestrittene Competenz der Bundesversammlung wohl begründet war, dem Antrag der Reclamanten auf Schützung im jüngsten Besitze nicht stattzugeben, hingegen eine Commission zur Vermittlung zu wählen". Das soll heißen, dass die Zuständigkeit der Bundesversammlung in Sachen des holsteinischen Transitzolles, die Dänemark angefochten hatte, als berechtigt anerkannt, dagegen der Antrag der Hansestädte, vom Deutschen Bunde ihr Recht auf Transitfreiheit durch Holstein gewahrt zu sehen, abgelehnt wurde.

Weitere Bundestagsberichte in dieser Sache liegen in den Akten nicht vor.

Wenn somit schon über die Wirkung des von Hamburg beim Bundestage unternommenen Schrittes gar nichts verlautet, so sind umso vernehmlicher die Stimmen, die seit Juni 1838 von Seiten der eiderdänischen Partei im Volk und in den Behörden in Kopenhagen sich hören lassen mit der Forderung, die Behauptungen des Hamburger Senats hinsichtlich der Transitfreiheit als Entstellungen der wahren Sachlage und Prätensionen gebührend aufzuklären und zurückzuweisen. Sei es doch vielmehr Hamburg gewesen, das im Widerspruch zum Gottorper Vertrag 1814 und 1815 einseitig neue Zollverordnungen, Hafenreglements erlassen, Consumtions- und Accise-Tarife eingeführt habe, durch welche die frühere Zollfreiheit dänischer Untertanen aufgehoben, alte Verträge vernichtet worden seien. Gegenüber der angekündigten gemeinsamen lübeck-hamburgischen Rechtsverwahrung und gar der Drohung mit einer Intervention fremder Regierungen habe die dänische Krone ihre aus dem

Wesen der Landeshoheit stammenden Gerechtsame zu wahren, indirekte Steuern, seien es nun Ein-, Ausgangs- oder Durchfuhrzölle, unbedingt nach eigenem Ermessen festzusetzen und zu erheben. Gleichgültig, ob die hamburgischen Enklaven in Holstein an das dänische Zollsystem angeschlossen werden oder im Wege des Austausches gegen holsteinische Gebietsteile ganz an Dänemark übergehen sollten, an die Frage des Transitzolles lasse die königliche Regierung nicht mehr rühren.

Nunmehr setzt nach dem Scheitern der unmittelbaren wie der mittelbaren diplomatischen Verhandlungen ein zwar stiller aber erbitterter, zäher *Zollkrieg* ein, zugleich die nahezu zweijährige Leidenszeit unserer Walddörfer, von der kein Geschichtsschreiber berichtet. An der dänischen Landesgrenze, die jetzt Zollgrenze wurde – Altona und Wandsbek wurden aus verkehrs- und verwaltungstechnischen Gründen nicht in das dänisch-holsteinische Zollgebiet einbezogen –, also unmittelbar vor den Toren Hamburgs, erstanden mit Wirksamkeit ab 1. Januar 1839 die dänischen Zollstätten: vor Wandsbek, zu Dwerkathen, Langenfelde und Poppenbüttel.

Am 24. Januar 1839 erhielten diese Zollstätten die Instruktion, dass für die vom Auslande, wozu auch Hamburg, Lübeck, Preußen, Mecklenburg gehörten, über die holsteinische Grenzzolllinie nach den ganz von holsteinischem Gebiet umschlossenen, unter Territorialhoheit der Stadt Hamburg stehenden Enklaven 1. *Farmsen* mit *Berne* und *Lembrook*, 2. *Wohlstorf* mit *Ohlstedt*, 3. *Volksdorf*, 4. *Groß Hansdorf* mit *Schmalenbeck* und *Beymoor* eingehenden, im Herzogtum Holstein zufolge Tarif vom 1. März 1858 zollpflichtigen Waren eine der Eingangsabgabe gleiche Durchgangsabgabe zu erheben sei. Für die von den genannten Enklaven kommenden, über die holsteinische Zolllinie ausgehenden Waren sei dagegen bis weiter nur der gesetzliche Transitzoll zu entrichten, vorausgesetzt, dass diese Waren von den obrigkeitlichen Behörden über die Enklaven mit der Beglaubigung versehen werden, dass die Exporten (Ausfuhrgegenstände) Erzeugnisse der Enklaven seien. Die Zollbeamten sollten ferner darüber wachen, dass nicht Erzeugnisse der Enklaven ohne Erlegung des tarifmäßigen Einfuhrzolles zum Verbrauch in das zollpflichtige Holstein eingeführt würden. Es war der regelrechte Zollkrieg.

Wir haben aus dieser Zeit den Auszug aus einer leider undatierten Vorstellung des Landmannes Küseler in Wohldorf, die besser als alle Zollverordnungen das vermögen, die Notlage der Bewohner der hamburgischen Enklaven illustriert:

Mir ist, schreibt er, von dem Justizrat Jensen in Poppenbüttel die Weisung geworden, bei Strafe der Confiscation und gesetzlicher Brüche kein Bier oder Branntwein in die holsteinischen Dörfer zu schicken. Der Einfahrzoll für Bier ist 1 R.-Taler 42 Schill. cour., für Branntwein 3 R.-Taler 36 Schill. cour. per Tonne nebst 6 Prozent Zollsporteln. Diese Abgabe ist gleich dem Preise, zu dem ichs verkaufen kann.

Durch Verfügung der Generalzollkammer ist eine der Eingangsabgabe gleiche Durchgangsabgabe festgesetzt; ich kann nicht mehr nach den anderen Enklaven meine Wagen senden.

Ich habe aufgehört zu brauen und werde aufhören müssen zu brennen. Niemand kauft mehr bei mir. Die Bewohner der Enklaven müssen alles, was sie brauchen, über dänisches Gebiet führen. Ohne Viehmästung, Brau- und Brennerei kann ich nicht bestehen. Ich brauche jährlich 50 Ochsen. Kaufe ich sie am Hamburger oder Altonaer Markt, so ist der Durchführzoll 1 Reichstaler 5 Schillinge, und nichts destoweniger, weil sie nach Wohldorf geführt werden, der Einfuhrzoll mit 2 Reichstalern 32 Schillingen zu erlegen. Habe ich sie später nach ½ Jahr fett gemacht, so muss ich denselben Einfuhrzoll als Durchgangszoll entrichten. Zum Brauen und Brennen muß ich häufig Einkäufe in Altona oder Hamburg machen: Gerste kostet 7 ½ Schill., Rogken 10 Schill. per Tonne Einfuhrzoll, das daraus gemachte Bier oder Branntwein die obigen Angaben.

Weiter führt er an den Fall eines Bauern in Farmsen, der sein Korn nicht nach einer in der Nähe gelegenen holsteinischen, ihm gehörigen Kathe führen darf.

Korn, das aus Hamburger Enklaven auf holsteinische Mühlen gebracht wird, muss den Einfuhrzoll bezahlen.

Die Hamburger Dragoner, die zur Aufsicht gegen Vagabunden in die Walddörfer verlegt sind, müssen für ihren Hafer den Einfuhrzoll bezahlen.

Die Bauern in den Walddörfern machten aus der Not eine Tugend und legten sich auf den Transport von Feldsteinen nach Hamburg, die namentlich als Schiffballast verwandt wurden. Die Ausfuhr solcher Feldsteine aus dem dänischen Zollgebiet war verboten, den Walddörflern, von denen sie als Erzeugnisse behandelt wurden, hatte man sie gestatten müssen, natürlich gegen Entrichtung der tarifmäßigen Abgabe und gegen Vorlegung einer obrigkeitlichen Bescheinigung, dass es sich um Material handele, das von ihrem Boden stamme. Auch da gab es Schwierigkeiten, weil die Zollbeamten die Ausweise der Bauervögte nicht anerkannten und solche des Waldherrn forderten. Aber unter denen, die sich mit diesem Handel abgaben, finden wir doch die Namen aller Vollhufner von Volksdorf vertreten. Nach weniger als zwei Jahren war Hamburg, waren die Walddörfer des unerquicklichen reibungsvollen Verkehrslebens müde und mürbe.

Am 5. September 1840 wurden in Hamburg die Verhandlungen über den Zollanschluss zu Ende geführt, nicht allerdings über den der Stadt Hamburg selbst, sondern über den Anschluss mehrerer Gebietsteile der freien und Hansestadt Hamburg an das Zollsystem des Herzogtums Holstein und des Fürstentums Lübeck. Von dänischer und großherzoglich oldenburgischer Seite wirkte dabei mit der Etatsrat und Vertreter des Generalzollkammer- und Commerz-Collegs, C. Ph. Franke, von Seiten des Hamburger Senats der Syndikus Karl Sieveking. Der erste Artikel drückte das Wesentliche aus, indem er besagte, dass Hamburg seine innerhalb der holsteinischen Zolllinie belegenen Gebietsteile, nämlich 1. Groß Hansdorf mit Schmalenbeck und Beimoor, 2. Wohldorf, Ohlstedt und Volksdorf, 3. Farmsen nebst den Parzellen Kupferdamm, Lehmbrook und der Berne dem gemeinschaftlichen Zollsystem des Herzogtums Holstein und des Fürstentums Lübeck anschließt. Damit traten die hamburgischen Enklaven, wie Art.2 ausführt, in völlig zollfreien Verkehr mit Holstein und dem (oldenburgischen) Fürstentum Lübeck, und zwar nach den bereits unter dem 1. Mai 1838 für dieses Zollgebiet verordneten Tarifen. Auch die Landhandwerker genossen in diesen Grenzen völlige Jahrmarktsfreiheit. Den Enklaven wurde als besondere Vergünstigung, wenn auch gegen Ursprungsausweise, die sonst verbotene Ausfuhr von Feldsteinen in das Ausland gestattet, zu dem ja auch Hamburg gehörte. Zwar durften die alten Fabriken bestehen bleiben, aber neue sollten nicht mehr errichtet werden. Wichtig für die Stadt Hamburg war namentlich der 5. Artikel, der die Beteiligung der Stadt am Steuerertrag betraf: Von dem nach Abzug sämtlicher Verwaltungskosten sich ergebenden Nettobetrag der Einfuhr- und Ausfuhrabgaben des beschriebenen Zollvereinsgebietes erhält die Stadt Hamburg eine der Bevölkerung der Enklaven entsprechende Quote. Für die Berechnung dient die bei der jeweilig letzten Volkszählung ermittelte Bevölkerung. Dagegen machte die Stadt das Zugeständnis, nicht nur mit ihren eigenen amtlichen Organen dem Schleichhandel entgegenzuwirken, sondern auch den dänischen Gendarmen und Zollbeamten die Verfolgung von Schleichhändlern bis in das Gebiet der Enklaven zu gestatten (die sogenannte Nacheile).

Einschneidende Veränderungen im Tarif brachte namentlich das Jahr 1853 durch Anordnung einer Brennsteuer, durch Aufhebung des Ausfuhrzolles für Hornvieh und Kälber und des Verbotes der Ausfuhr von Feldsteinen. Auch die bis dahin der Stadt Altona und dem Flecken Wandsbek zugestandenen Zollvergünstigungen sind in diesem Jahre gefallen.

Der Reinertrag aber, der der Stadt Hamburg für ihre dem Zollgebiet angeschlossenen Gebietsteile aus dem gemeinschaftlichen Zollaufkommen zugeflossen ist, hat betragen:

| 1839 | 545 | Taler | ¼ | Schilling |
|---|---|---|---|---|
| 1840 | 1212 | " | 9¼ | " |
| 1841 | 1245 | " | 18 | " |
| 1842 | 1401 | " | 22 ¾ | " |
| zus. | 4404 | Taler | 2 ¼ | Schilling |

oder durchschnittlich im Jahre: 1101 Taler ½ Schilling oder bei einer Bevölkerung von 1450 Seelen je Kopf 36 ½ Schilling.

| 1843 | 1350 | Taler | 24 | Schilling |
|---|---|---|---|---|
| 1844 | 1446 | " | 23½ | " |
| zus. | 2796 | Taler | 47¼ | Schilling |

oder durchschnittlich im Jahr 1398 Taler 24 Schilling, bei gleicher Volkszahl also je Kopf 46¼ Schilling.

| 1845 | 1451 | Taler | 17½ | Schilling |
|---|---|---|---|---|
| 1846 | 1511 | " | 5 | " |
| 1847 | 1470 | " | 11¾ | " |
| 1848 | 1384 | " | 17½ | " |
| 1849 | 1578 | " | 15 | " |
| 1850 | 1896 | " | 43 | " |
| 1851 | 1796 | " | 16¼ | " |
| zus. | 11 088 | Taler | 30 | Schilling |

oder im Jahresdurchschnitt 1584 Taler 4 Schilling oder bei einer Volkszahl von 1565 Seelen je Kopf 48½ Schilling, im Durchschnitt der Jahre 1845 bis 1851 je Kopf 4784 Schilling.

Aus diesen besonderen Einnahmen hat Hamburg neben anderem doch auch eine Aufbesserung der Lehrergehälter in den Walddörfern bestreiten können.

### *h) Kirche und Schule*

Die durch die Jahrhunderte von den Waldherren nach noch so einheitlichen Grundsätzen geübte Verwaltung der Walddörfer konnte nicht die für alles organische Werden notwendige innere Einheit ersetzen in einer Zeit, da allein die Kirche samt der von ihr durchaus abhängigen Schule eine wirkliche Einheit bedeutete, d.h. mehr als alle Verwaltung es vermochte, religiöse und damit weltanschauliche, kulturelle Geschlossenheit verbürgte. Das gilt von der nachreformatorischen Zeit fast noch stärker als vom ausgehenden Mittelalter. War es doch gerade im Landgebiet durchweg die Kirche, die, soweit ein Bedürfnis vorhanden, Unterricht durch ihre Küster erteilen ließ, denen wieder Landes- oder Grundherrn oder Patrone eine mäßige meist in Naturalien bestehende Entlohnung verabreichten. Da indessen solche Schulen nur in den Kirchdörfern bestanden, von den hamburgischen Walddörfern aber (mit Ausnahme einer katholischen Kirche in Volksdorf) bis heute kein einziges eine eigene Pfarrkirche besitzt, so waren sie seit ihrem Bestehen den holsteinischen Kirchen zu Bergstedt (Wohldorf, Ohlstedt, Volksdorf, Lottbek, früher auch Schmalenbek), zu Siek (Hansdorf, Schmalenbek) und zu Rahlstedt (Farmsen, Berne, Rokesberg) beigepfarrt. Diese Kirchdörfer aber sind sämtlich holsteinisch und seit 1460 dänisch. Daraus ergab sich, dass unsere Walddörfer kirchlich unter einer fremden, ausländischen Herrschaft standen. Da war es noch ein Glück, dass ebenso in Hamburg wie in den dänischen Kirchdörfern, von denen seine Walddörfer abhingen, die Reformation nach lutherischer Lehre eingeführt wurde. Immerhin wirkte sich die zweiteilige Hoheit in Kirche und Jurisdiktion dahin ungünstig aus, dass eine Verselbständigung des Schulwesens in den Walddörfern viel später erfolgte als etwa in den hamburgischen Marschlanden, wo einzelne Landschulen schon zu Luthers Lebzeiten entstanden sind. In den Walddörfern nahm man noch lange all die Unzuträglichkeiten in Kauf, die mit der Abhängigkeit vom dänischen Ausland notwendig verbunden waren: die oft stundenweiten Schulwege der Kinder und die damit zusammenhängenden Versäumnisse und Unregelmäßigkeiten, die Belieferung der dänischen Pfarrer mit Holz und anderen Naturalien, was späterhin in Geld abgelöst wurde und in dieser Form auch die Gründung eigener Walddörferschulen noch lange überdauert hat.

Die Klagen der Küster über schlechten Schulbesuch aus den hamburgischen Walddörfern, die der Geistlichen über die zunehmende Verwilderung ihrer Konfirmanden (Konfirmation in Bergstedt nach Peters Chronik seit 1682–1689), die der Forstbeamten über die Zunahme der Holz- und Wilddieberei, des Dirnentums, die sie solcher Verwahrlosung der heranwachsenden Jugend Schuld gaben, das alles gab schließlich den Anstoß zur Einrichtung eigner Walddörferschulen. Ihre Anfänge fallen fast überall um das Jahr 1680. In Hansdorf-Schmalenbek war es der Waldherr Matthias Bartels, der am 12. März 1681 in nur mündlicher Abrede aus dem öffentlichen Staatsgrunde den Boden zum Haus und Gemüsegarten, das Holz zum Hausbau gab, den die Dorfschaft mit freiwilligen Hand- und Spanndiensten ausführte. Der Schulmeister wurde von Hofdiensten und allen Abgaben befreit mit Ausnahme von zwei Rauchhühnern, die er jährlich dem Waldherrn zu liefern hatte, auch durfte er einige Kühe, Schweine und Schafe auf der Gemeindeweide mitlaufen lassen. Die Dorfschaft musste sich ferner zur Reichung von Lebensmitteln an den Schulmeister verpflichten: von jedem Backen eines Hausstandes ein Brot, vom Schlachten Eingeweide und Grapenbraten, dazu Feuerung für den Familienbedarf, während der Waldherr die Beheizung der Schulstube mündlich zusicherte. Andererseits sollten die Kinder, die vom 4. bis 7. Jahr Sommers und Winters, vom 8. Jahr ab nur noch Winters schulpflichtig waren, im Lesen und Schreiben, später auch im Rechnen für je 1 Schilling die Woche, im Katechismus aber, im Singen und Beten unentgeltlich unterwiesen werden. Dazu kam noch ein mehrmonatiger Konfirmandenunterricht, für den im Ganzen 12 Schill. vergütet wurden. Der Schulmeister, der ohne festes Gehalt blieb, verpflichtete sich zu solchem Unterricht mit täglichem Psalmgesang bei Beginn und Schluss der Schulstunden, außerdem an den Sonntagnachmittagen zu Gottesdienst im Schulhause für die Erwachsenen, mit Vorlesung und Auslegung der Epistel und Psalmengesang, auf Verlangen auch zu tröstlichem Krankenbesuch.

Diese in mündlicher Abrede für Hansdorf festgelegten Aufgaben und Pflichten sind auch für die Schulgründungen der übrigen Walddörfer maßgebend geworden: für Volksdorf und Hoisbüttel, wo 1684 auf Veranlassung des Waldherrn Albert Wulff Schulen ins Leben gerufen wurden, dort durch Zuweisung eines stattlichen Platzes, auf dem der Dorfeingesessene Michel Kohmann 1685 auf eigne Kosten ein neues Haus baute, in dem er als erster Schulmeister tätig war, hier durch Übereinkommen mit dem Junker Johann Bernhardt Höker, der als gutsherrlicher Mitbesitzer am 6. Juli 1684 den Platz für Schulhaus und Kohlgarten mitbewilligte. Auch in Farmsen mag die Schule noch aus den letzten Dezennien des 17. Jahrhunderts stammen, wenn wir auch keine sichere Nachricht über ihre Anfänge haben und nur wissen, dass der dortige Schulmeister Andreas Jacob Albrecht, der keineswegs der erste gewesen zu sein braucht, zu Anfang November 1752 82jährig gestorben ist. Nicht besser sind wir über die erste Schule in Wohldorf und Ohlstedt unterrichtet, wenn auch gerade hier um die Wende des 17. Jahrhunderts und die ersten vier Jahrzehnte des 18. ein reizendes Waldschulidyll bestanden hat, dessen Träger ein namenloser Spielmann aus der deutschen Südostmark war. Der hatte sich, nachdem ihn die Liebe zu einem Duvenstedter Mädchen, das ihm der harte Vater versagte, nach 10 Jahren sin die Gegend zurückgetrieben hatte, wohl um das Jahr 1690 mit waldherrlicher Erlaubnis auf der kleinen Wiese niedergelassen, da wo die Wohldorfer Aue zur Alster geht, seitwärts von der Waldhöhe mit der Aussicht auf Duvenstedt, wo er die Heimat der Geliebten wusste. Ein Freund der Waldvögel und der Blumen, die er gerne pflegte, der Geige wie der Sackpfeife und des Waldhorns, hat er gern den Kindern, die sich täglich um seine selbstgezimmerte Hütte sammelten, aufgespielt, sie geistliche und weltliche Lieder singen gelehrt, ihnen biblische Geschichten, Märchen und Schwänke erzählt. Mehr als eine Generation aus Wohldorf, Duvenstedt und Ohlstedt hat er so an sich vorübergehen sehen, sich in ihre Herzen musiziert und geplaudert. Als er schließlich 85jährig, um mit den Gebrechen seines Alters niemandem beschwerlich zu fallen, den Tod in der Alster suchte und fand, da ward dem armen alten Spielmannn eine so ehrenvolle Bestattung auf dem Bergstedter Kirchhof, wie sie wohl keinem zünftigen Lehrersmann aus den Walddörfern wieder zuteil geworden. Es war ein Maientag, und über dem Grabe sangen die Vögelein ihm hell das Abschiedslied, das die Klage der Kinder aus Duvenstedt und Wohldorf laut übertönte.[42]

Auch in Ohlstedt – Wohldorf war zu klein für eine selbständige Schulgründung – hat ein Eingesessener, von Gewerbe ein Schneider, namens Jochim Jden, wie es schon in Volksdorf und Hoisbüttel geschehen, auf staatlichem Grund und Boden, den der Waldherr gewährte, aus eigenen Mitteln eine Schule gebaut (1757). Dort ist er, wie schon vorher seit 1751, noch über das Jahr 1781 Lehrer gewesen. Sein Unterricht fand eine sehr ungünstige Beurteilung durch den Bergstedter Pastor, aber auch sein Nachfolger wurde von einem nicht einmal zuständigen Kämmereibürger „unter aller Kritik" befunden. Wir dürfen freilich an die pädagogischen Leistungen jener Schulmeister keine zu strengen Maßstäbe anlegen, denn keiner von ihnen hatte eine wirkliche Berufsausbildung genossen, es waren vorzugsweise Schneider, Tischler oder Schuhmacher, die mit der Landschulstelle ihr dürftiges Einkommen zu verbessern suchten. So wird es verständlich, dass sie vor ihrer Anstellung von dem zuständigen Geistlichen einer Prüfung unterzogen wurden, deren Ergebnis oft genug war, dass der Prüfling sich noch im Rechnen und im Informieren zu üben habe. Andrerseits

42 Vgl. O. Beneke, Von unehrlichen Leuten, 1889 S.73–79. Der Spielmann von Wohldorf Avenarius, die Kinder von Wohldorf.

darf man auch nicht vergessen, dass die Entlohnung derart kläglich war, dass manche ihr Auskommen nicht fanden und dann bei Nacht und Nebel mit Weib und Kind einfach ausrückten. Denn namentlich in der früheren Zeit bestand das ganze Bareinkommen aus dem Schulgeld, das indessen oft so unregelmäßig einging wie die Kinder zur Schule. Darüber schwand natürlich manchem Schulmeister die Freude an seiner Berufsarbeit. Die an die Eltern gerichteten Drohungen und Mahnungen der Waldherrn fruchteten wenig oder gar nichts. Es fehlte aber auch nicht an Missgriffen der Waldherrn selbst, die dem Lehrer das Wirken erschwerten oder fast unmöglich machten. Dahin gehört, dass nach dem Neubau der Schulkate in Volksdorf (1752) der Lehrer gezwungen wurde, den wahrlich nicht reichlich bemessenen Raum mit dem Dorfhirten zu teilen und dann gar, was wieder das Hinauswerfen des Hirten bedeutete, die staatlich geprüfte Hebamme in das Schulhaus aufzunehmen. Das führte zu den schwersten Unzuträglichkeiten, indem dem Lehrer außer der Schulstube nur eine einzige Kammer im Hause blieb, in der er mit seiner Frau und fünf Kindern schlafen musste, ja als seine Frau in einem Winter bettlägerig war, die Erkrankte nirgends sonst als im Schulzimmer liegen konnte, was natürlich für den Unterricht störend wirkte.

Einen tiefen Blick in die wirtschaftlichen und beruflichen Verhältnisse der Lehrer in den Walddörfern und damit in das dortige Schulwesen überhaupt lässt uns tun der Antrag, den der Landherr Schröder am 30. April 1838, also vor noch nicht 100 Jahren, im Senat einbrachte. Er beabsichtigte bei der Neubesetzung der Hansdorfer Lehrerstelle nach dem Tode des Lehrers Offen das Schulwesen dort ganz neu einzurichten. Der verstorbene Schullehrer hatte nicht mehr als 90 Mark jährlich von der Löblichen Kammer erhalten. Um seinen notdürftigen Lebensunterhalt zu beschaffen, war er genötigt gewesen, das Tischlerhandwerk zu betreiben. Um aber einen befähigten und genügend vorgebildeten Mann als Schullehrer in Hansdorf zu erhalten, schlug Senator Schröder vor, ihm, um ihn unabhängig von Nebenerwerb zu machen, neben freier, auch für den Schulunterricht passender Wohnung, ein jährliches Einkommen von 550–600 Mark zu sichern. Zu diesem Zweck wie zur Besserung des Schulwesens überhaupt beabsichtigte der Landherr die Einführung einer neuen

Schulordnung nach dem Vorbild der von seinem Vorgänger, Bürgermeister Benecke, in Farmsen und Hamm mit gutem Erfolg durchgesetzten. Danach sollte jeder Eingesessene, einschließlich Witwer und kinderloser Ehegatten, eine Schulabgabe entrichten, „die für den Vollhufner etwa 12 Mark jährlich betrage. Dazu müsse aber der Staat statt der bisherigen 90 Mark 250 Mark jährlich zulegen, die der Senator mit seinem Antrage bei der Kammer einwarb. Nach Rücksprache mit den Gemeinden und Ausarbeitung der Schulordnung ist dieser Weg beschritten worden. Zur Beschaffung der Mittel sind nachmals die aus den dänischen Zollgeldern gezahlten Überschüsse verwandt worden.

Die größten Hindernisse der schulischen Entwicklung in den Walddörfern aber lagen in dem dauernden Widerstand der bäuerlichen Eingesessenen, die sich auch nach der Gründung eigener Dorfschulen in dem mangelhaften Schulbesuch, in der Nichtbezahlung des Schulgeldes, in dem unsozialen Verhalten der Dorfschaft gegenüber dem Lehrer geltend machte. Man darf hierfür aber weniger das streng obrigkeitliche Verhalten des hamburgischen Staates und seiner Waldherrn verantwortlich machen, das, wie wir gesehen haben, immer noch viel milder und menschlicher war, als das in irgendeinem andern Lande, als die bäuerliche Indolenz und Schwerfälligkeit, die gerade darum so hartnäckig war in den hamburgischen Walddörfern, weil sie hier weniger als anderswo durch konsequente Strenge zur Unterordnung in den Staat erzogen und gefügig gemacht worden war. Diese Indolenz ist erst gebrochen worden, seit die kalte und starre Obrigkeitsregierung ersetzt worden ist durch den Totalitätsanspruch des Staates, gleichzeitig aber auch der Bauer selbst in die ihm gebührende vorderste Reihe der Staatsbürger gestellt worden ist. Das dankt er und danken mit ihm die Walddörfer dem Dritten Reich!

Der gewaltige Aufschwung, den das Schulwesen in den Walddörfern in den rund 250 Jahren seit der Gründung der ersten Walddorfschulen und ganz besonders in den letzten 50 Jahren genommen hat, wird am besten veranschaulicht durch einen Blick auf die heutigen stattlichen Schulgebäude, die mit allen Einrichtungen und Mitteln für einen Körper, Geist und Charakter gleichmäßig bildenden Unterricht ausgestattet sind. Wir sehen da vier Gemeindeschulen, die achtstufig den schulgeldfreien Grund- und Unterbau der deutschen Schule darstellen.

Von ihnen zählt die Gemeindeschule in Groß Hansdorf-Schmalenbek 5 vollbeschäftigte Lehrkräfte nebst einer technischen Lehrerin mit 184 Schulkindern (72 aus Groß Hansdorf, 112 aus Schmalenbek), die Schule in Ohlstedt-Wohldorf 8 Lehrer mit 255 Schülern, die zu Berne 9 Lehrer mit 241 Kindern, die Gemeindeschule zu Volksdorf, die außerdem einen dreistufigen Oberbau mit dem Ziel der mittleren Reife hat, 17 Lehrkräfte mit 556 Schülern.

Der Oberbau wird vertreten durch die Walddörferschule in Volksdorf, die neunstufig als Realschule, Deutsche Oberschule und Realgymnasium ausgebaut ist und zurzeit mit 28 Lehrern und 540 Schülern besetzt ist, die Schulgeld bezahlen müssen.

## 6. Masse und Münzen in den hamburgischen Walddörfern

### *a) Flächenmaße*

In unseren Walddörfern bestand als altes holsteinisches und ebenso hamburgisches Maß die oberste Einheit des von der Ackerbestellung hergenommenen *Scheffels.* Ursprünglich ein Hohlmaß namentlich für Körnerfrüchte, wurde dieser Scheffel einer Fläche Landes gleichgesetzt, für deren Bestellung gerade ein solcher Scheffel Körner an Aussaat erforderlich war. Da nach der Art des Bodens die von der gleichen Menge Saatgetreide bedachte Bodenfläche verschieden groß sein konnte, hat auch das Flächenmaß Scheffel je nach der Örtlichkeit geschwankt. So hat der Geestscheffel 200 Geviertruten gehabt, der bei der Verkoppelung in den Walddörfern allgemein zugrunde gelegte *Waldscheffel* dagegen *256 Geviertruten.* Dazwischen hat es zeitliche Schwankungen gegeben, dergestalt, dass bei der vom Ingenieur Reinke in Hansdorf und Schmalenbek 1781 vorgenommenen Vermessung der Scheffel zu 230 Geviertruten gerechnet wurde.

Da die Landverteilung von 1806, die nach Waldscheffeln erfolgte, für unsere Walddörfer maßgebend geworden ist, gebe ich nachstehend die Umrechnung auf moderne Maße unter Zugrundelegung des Waldscheffelmaßes.

Wenn (nach Melhop, Die Alster S.129) ein Fuß = 0,287 m, so war die Rute = 16 Fuß = 4,592 m, die Geviertrute mithin = 21,0681 qm, der Waldscheffel also 21,0681 x 256 = 5393,4336 qm oder = 53,9343 Ar oder = 0,5393 Hektar, oder etwas größer als ein halbes Hektar.

### *b) Raum- und Hohlmaße*

Wenn ich auch in meiner obigen Darstellung auf Einzelheiten, die eine Wiedergabe von Raummaßen erfordert hätten, verzichtet habe, so mag doch manchem Leser, der auf den Kapitelstreit aufmerksam geworden, bei der Lektüre der die damaligen furchtbaren Plünderungen und Räubereien behandelnden Quellen, überall auf Wispel oder Chore stößt, oder in Dibbert-Baalk's Farmsener Geschichte von der Entlohnung der Geistlichen in Himpten und Spinten liest oder im Hutlenprozess von den Holzlieferungen nach Faden und Fadem hört, erwünscht sein, auch über diese Raumbegriffe unterrichtet zu werden.

1 *Wispel* (Wikschepel, chorus) ist ein Getreidemaß mit dem Gehalt von 10 Scheffeln oder 20 Fass oder 20 Him(p)ten oder 160 Spint zu je 6,87 Liter, also = 1099,2 Liter oder rund 10 Hektoliter oder fast 1,1 Raummeter.

Für Weizen, Roggen, Erbsen hatte 1 Last = 3 Wispel, für Gerste, Hafer, Hopfen dagegen 1 Last = 2 Wispel.

1 Tonne (Kalk) hatte 3 Fass = 6 Himpten.

*Klafter* war sowohl Längen- als Raummaß; als ersteres betrug es 3 Ellen = 6 Fuß, als letzteres entsprechend 9 Quadratellen oder 36 Quadratfuß = 2,9653 qm.

Ein *Himten* oder *Himpten* zu 4 Spint enthielt 27,48 Liter.

Ein *Scheffel* für Weizen, Roggen, Erbsen hielt 2 Fass mit 109,91 Liter; für Gerste und Hafer aber 3 Fass mit 164,68 Liter.

*Fadem* oder *Faden* war das alte Raummaß für Holz, das indes keineswegs einheitlich war. Man unterschied u.a. einen Meßberger Faden, der 3,77 umfasste, und einen Walddörfer Fadem, der nur, je nach der Breite 2,63 bis 2,85 cbm hielt.

### c) Die Münzen

Nachdem die Karolinger den Einheitswert des römischen *Pfundes* (libra, abgekürzt 1b, daher noch heute unsere Bezeichnung für Pfund) ins Reich eingeführt und zu 240 Pfennigen (denarii, daher Pfennig) ausgeprägt hatten, erhielt dieses Pfund, dessen Gewicht zwischen 367 bis 491 g errechnet worden ist, seit ungefähr dem Jahr 1000 in der aus dem skandinavischen Norden stammenden *Mark* einen Wettbewerber, der, auch in Pfennigen ausgeprägt, seit dem 15. Jahrhundert das Pfund ganz verdrängt hat. Die Zeit, in der die Walddörfer an Hamburg gelangten, gehört, wie die mitgeteilten Kauf- und Pfandbriefe zeigen, schon der Herrschaft der Mark an. Es ist dies der sogenannte lübische Münzfuß, der im Gebiete der Hansestädte, besonders Lübecks, Hamburgs, Wismars und Lüneburgs sich eingebürgert und bis zum Jahr 1871 sich behauptet hat. Nach dieser *Mark Lübisch* zu 16 Schilling zu 12 Pfennig ist *gerechnet* worden, *gezahlt* wurde nur in *Pfennigen*, die während des Mittelalters allein wirklich ausgeprägt wurden. Erst die mit der Entdeckung Amerikas einsetzende neue Entwicklung im Handel schuf im Münzwesen das Bedürfnis nach einer größeren Einheit zu Zahlungszwecken, dem man vorher schon vereinzelt durch Prägung von Silberbarren Rechnung getragen hatte. Im Jahre 1502 aber prägten die obengenannten Hansestädte zuerst gemeinsam eine Münze im Werte einer Mark aus, die sogenannte *Kurantmark*, die bis 1871 im Gebrauch geblieben ist. Neben ihr erstand im 18. Jahrhundert der *Kuranttaler* zu 3 Mark = 48 Schillingen. Das ist die Münze, die in der Zeit des dänisch-hamburgischen Zollkrieges gangbar war.

Um die jeweilige Kaufkraft einer Münze zu erforschen, hat man die mannigfachsten Versuche gemacht, sei es, dass man die Preise für Getreide als Hauptnahrungsmittel oder die Arbeitslöhne als Maßstäbe eines immer gleich großen Lebensbedarfs zugrunde legte. Man ist längst davon abgekommen, und ich glaube deshalb auf ähnliche Mittel, den Wert gewisser Geldsorten und -summen zu gewissen Zeiten festzustellen, hier verzichten zu können.

# Wort- und Sacherklärungen

*accordiren* = zustimmen, genehmigen
*afrisinghe, afrisinge* = Einkünfte, Gefälle
*alder* = aller, zur Verstärkung von Adjektiven, besonders im Superlativ, *alder vrigest* = allerfreiest
*allerslachte,* aus *aller* und *slachte* oder *ṣlechte* = Geschlecht, Abstammung, also *allerslachte* = aller Art, allerhand
*bede* = 1. Bitte, Gebet; 2. Abgabe, erst erbeten, dann üblich, zuletzt pflichtmäßig geleistet
*bedruck* = bedrückendes Gefühl
*behoeff, behôf* = behuf, Bedürfnis, Notdurft
*Beimoor; Beiemoor,* auch *Beigemoor,* vielleicht *Bienenmoor?*
*berchvrede* = Bergfried, Wachtturm auf Burgen, daher französisch beffroi
*bestouvet* = gestaut
*beswornscap* = Verschwörung
*brüche* = in der mittelalterlichen Rechtssprache geringere Vergehen, auch, wie in unserem Falle, die Strafe dafür
*brukelike, bruklike* = (brauchlich) brauchbar, unbeschränkt nutzbar
*buwed unde ungebuwed* = (vom Ackerland) angebaut und noch nicht unter den Pflug genommen
*Conditiones* = Bedingungen
*deghedingen* = Gericht halten, verhandeln
*denst, hovedenst* = Hofdicnst, bes. Spanndienst
*destruiren* = zerstören
*dicke* = oft
*Dich* = Teich
*droch praet. zu dragen* = tragen, *over en dragen* = übereinstimmen, einträchtig sein
*Ehezärter,* auch *-zerter, -serter, -tzerter* = (geschriebener) Ehevertrag, auch Vertragsurkunde, vom frz. chartre
erprimiren = ausdrücken

*Feuerbötter* = Einheizer

*grace*, französ. = Gnade, Gunst

*Grafenschatt, schat* = 1. Schatz, 2. eine Steuer, also Grafenschatt = Steuer, die im Namen des Grafen und für den Grafen als Landesherrn erhoben wurde

*Grapenbraten* = Grapen = eisernes Gefäß zum Kochen oder Braten, also Grapenbraten = Braten für die Pfanne

*Grundhauer* = Abgabe vom Grund und Boden, als Folge der Grundhörigkeit, die in den hamburgischen Walddörfern den wesentlichsten Teil der Leibeigenschaft ausmachte

*Hauer* s. Grundhauer

*holtinghe* = Holz, Gehölz

*holthouwinghe* = 1. Holz, Gehölz, 2. *houwinghe* = das Hauen, der Holzschlag, also = Holzschlag, eine Stelle, wo Holz geschlagen wird, oder das Schlagen des Holzes

*husvolk, hûsvolk* = Hausgesinde; Hausvolk, d. i. Volk, das aus Landleuten besteht

*ichtiswellike*, plur. = einige, irgendwelche

*important* = bedeutend, wichtig

*keren, gekard* = wenden

*Leibzucht* = Lebensunterhalt, besonders der Witwe

*Manhagen* = der einem [Lehens] Manne übertragene Hagen

*meenliken, mênliken, meinliken* = gemeiniglich, allgemein

*molendiken* = Mühlenteiche

*nakomelink, nakomelinghen* = Nachkommen, Rechts- oder Amtsnachfolger

*noghe, noge* = Genüge, Befriedigung

*nut* = Nutzen, Nutzung, Genuss, Vorteil

*oldinghes, oldinges* = vor alters, ehemals

*Pflugschatt* = Steuer, deren Maß der Pflug ist, das heißt eine Fläche Landes, die mit *einem* Pfluge bestellt werden kann, gewöhnlich = 1000 Tonnen

*Publicum* = hier im Sinne von Gemeinwesen, Staat

*Regres* = ursprünglich Recht des Wiedereintritts in eine genossene, aber aufgegebene Pfründe, hier Wiedergutmachung erlittenen Schadens

Regulirung = Instandsetzung, Neuordnung
*Remedirung* = Ausbesserung
*Remel,* vielleicht zusammenhängend mit Rehm = Waldstreifen oder kleine Ecke Landes
*Requisitum* = Erfordernis
*Revenues* = Einkünfte
*ride, rîe, riehe, rige* = Bach, kleiner Wasserlauf, Graben
*rike* plur. = reichlich, zahlreiche
*salarium,* spätlat. = Salzgeld, braucht nicht notwendig für die ältere Zeit die spätere Bedeutung von Gehalt zu besitzen; also hier vielleicht nur Entgelt, Entschädigung für gewissen Aufwand an Müheleistung
*schatt* = Schatz, Auflage, Tribut, vgl. Grafenschatt, Pflugschatt, Türkenschatt
*schede, schêde* = Scheidung, Begrenzung, Grenze
*schude,* praet. zu *schên,* unr. v. = geschehen, sich ereignen
*sît, sîde* = niedrig
Specification = Einzelaufstellung, Stückverzeichnis
*sturen* sw. v. = steuern, lenken; m. dat. steuern, wehren, hemmen
*succediren* = nachfolgen
*ten, then,* praet. toch, st. v. intr. = ziehen, sich begeben
*tobehoringhe* = Zubehör, Pertinenzien
*toch* s. ten
*Türkenschatt* = Türkensteuer
*unsetten, entsetten* = entsetzen, befreien, retten
*untstund, entstund* von *entstân* st. v. =widerstehen
*upborn, upgebord* = aufheben, erheben, einnehmen (Zölle, Einkünfte)
*upkominge, upkomeninge, upkomelinge* = Einnahme, Einkommen
*uplaten* = überlassen, übertragen, bes. im jurist. (lehnsrechtlichen) Sinne auf seine Eigentumsrechte zugunsten eines andern verzichten, heute: auflassen
*Verkoppelung* = Zusammenlegung der Grundstücke im Wege gegenseitigen Austausches, sodass die einzelnen Hufen zum geschlossenen Besitz werden, unter gleichzeitiger Ausscheidung des Gemeinde- und des Staatsbesitzes.
*vie, vi, viehe* = Sumpfland, heute vielfach in Wiese übergegangen

*vorbat* = ferner, in Zukunft, hinfort
*vorgaderen, vorgadderen* trs. v. = sammeln, versammeln, intr. v. = sich sammeln
*Vorwerk* = vom Hauptgut abgetrennter Wirtschaftshof zur Erleichterung der Wirtschaft
*vrî, vrig* = frei, *vrigheid* = Freiheit
*Waldvogtschragen* = Gebührnisse des Waldvogts; Schragen ist ursprünglich ein Holzgestell (einzelne schräge gefügte Bretter oder Leisten) das zur Aufbewahrung von Akten gedient haben mag, Gebührenschragen
*wente* = bis
*wisch, wische* = Wiese

# Abbildungen

Zeitfracht Medien GmbH
Ferdinand-Jühlke-Straße 7
99095 Erfurt, Deutschland
produktsicherheit@kolibri360.de